JN410977

교회를 교회답게 해주는

별세別世 영성 드러내기

교회를 교회답게 해주는

별세別世 영성 드러내기

김성국 지음

생명의씨앗 터닝포인트

교회를 교회답게 해주는

별세別世 영성 드러내기

2008년 6월 5일 인쇄
2008년 6월 10일 발행

지은이 | 김성국
펴낸이 | 정상석
펴낸 곳 | 생명의씨앗&터닝포인트

출판등록 | 2005. 2. 17. 제6-738호
주소 : 135-280 서울 마포구 동교동 159-6 파라다이스텔 1714호
전화 : 02-332-7646
FAX : 02-3142-7646

값 : 10,000원
ISBN 978-89-957176-4-6 03230

머리말

요즘 '영성' 이란 말이 마치 시대의 트랜드처럼 유행하고 있습니다. 그래서 이런 영성, 저런 영성이 논의되고 추구되고 있습니다. 그런 가운데 바람직하지 못한 영성도 마치 우리 그리스도교의 영성인 것처럼 교회에서 실현되고 있는 경우도 있습니다. 이 시점에서 우리는 그리스도교의 바른 영성이 무엇인지 살펴보고, 그러한 영성이 교회에 뿌리내리도록 해야 할 것입니다.

영성(Spirituality)이란 일반적으로 어떤 정신성을 토대로 한 그것이 삶으로 이어지는 것을 의미합니다. 어떤 이상적인 정신을 받아들이고 그 정신을 삶에서 실천하는 것입니다. 그리스도인들은 주이신 하나님이 인간에게 영을 주셨다는 영적 인식을 통해서 인간으로 오신 그리스도를 알게 되고, 기도를 통해 하나님과 교제하면서 하나님의 뜻을 인식하고, 그에게 순종하며 살아갑니다. 이것이 바로 그리스도인의 영성입니다. 그러한 영성적 삶의 모범을 보여주신 분은 바로 예수 그리스도이십니다. 그리스도에게는, 인간이 본질적으로 어떻게 살아야 하는지에 대한 하나님이 바라시는 삶의 정신이 나타나 있습니다. 그리스도가 추구했던 정신과 삶이 한국 교회가 닮아야할 영성이어야 할 것입니다. 이러한 영성의 시대에 우리에게는 그리스도의 영성이 필요합니다. 또한, 그 영성이 우리 그리스도인의 삶에서 나타나야 합니다.

만약 그리스도 없는 영성을 논한다면 그것은 그리스도교이기를 포기하는 것과 같습니다. 그리스도는 그리스도인인 우리의 신앙적 삶의 모범이고 표준이기 때문입니다. 따라서 오늘날 우리가 추구하는 영성이 과연 그리스도적인가라고 우리는 질문을 해야 합니다.

필자는 바람직한 영성이 무엇일까? 고민하던 중에 이중표 목사가 말하는 신학과 영성에 관심을 갖게 되었습니다. 우리의 선배 목사님이신 그는 한국 교회의 올바른 발전을 위해 18년간이나 목회자 세미나를 개최하는 등 많은 노력을 경주하였습니다. 그가 한국 교회를 위해 한 가장 중요한 일은 단순히 목회자를 위한 프로그램을 진행한 것이 아니라, 한국 교회가 바르게 지탱해야 할 목회 신학 혹은 목회 철학을 형성시켰다는 점입니다.

필자는 그의 '별세 신학' 과 '별세 목회' 라는 사상 속에서 오늘날 우리가 논의하고 있는 그리스도 중심적인 그리스도교의 영성을 보았습니다. 그것은 한국 교회의 영성 형성에 의미가 크다고 생각되었습니다. 그래서 필자는 이중표 목사의 그리스도 중심적 영성, 즉 '별세 영성'을 분석하고 목회에 적용하여 보았습니다. 필자가 생각하기에 결론적으로 교회가 그리스도의 교회다운 교회로 발전하는 데 매우 중요하다고 판단되었습니다. 그 결과 필자는 한신대 신학전문대학원 목회학 박사 학위논문으로 제출하였습니다. 이 책은 그것의 일부를 편집한 것입니다.

이 책은 크게 6부분으로 구성되어 있습니다. 첫 번째 부분에서는 오늘날 왜 영성이 부각되는지, 그 이유를 찾아보았습니다. 두 번째 부분에서는 그리스도교의 여러 영성의 전통을 살펴보았습니다. 이것은 영성에 대한 전통의 패러다임이 무엇인지를 알려주는 것 외에 그것들의 장단점과 오늘날 필요한 영성이 무엇인지를 포괄적으로 이해하는 데 기여합니다. 세 번째 부분에서는 이중표 목사의 '별세 영성'의 기초와 사상적 토대가 무엇인지를 논했습니다. 그리고 네 번째 부분에서는 이중표 목사의 '별세 영성의 목회'를 구체적으로 다루고, 다섯 번째 부분에서는 '별세 영성'의 기초 위에서 가정이 어떻게 이해되고 행복한 삶을 위해 가족 구성원들이 어떻게 해야 하는지를 논하였습니다. 마지막 부분에서는 가정에서의 현실적인 문제는 무엇인지를 살펴보고 그에 대한 별세 영성 분석을 했습니다.

이제 이 책이 나오기까지 도움을 주신 분들에게 감사를 드립니다. 먼저 만추의 나이인 저에게 이 과정을 허락해 주신 하나님께 먼저 감사과 영광을 드립니다. 또한 부족한 저를 지도하면서 힘을 주시며 격려해 주신 권명수 교수님과 늘 기도로 아들을 지켜봐 주시는 박인덕 권사님, 그리고 격려 속에 용기를 주며 필요한 것들을 채워 주신 김정자 권사님, 또한 힘겨운 상황 속에서도 이 못난 종을 위해 글을 마칠 수 있도록 물심양면으로 함께 해주신 허지연 집사와 조수정 선생, 윤미란 집사 등 많은 분들의 사랑에도 감사를 드립니다.

개척 22년 동안 한결같이 주님의 사랑 가운데에서 목회 중에 함께 해주신 중부교회 성도들과 말없이 기도로서 함께 해준 가족들(백성숙 사모, 준덕, 희숙)에게 이 책을 바칩니다.

마지막으로 이 작은 책이 독자들에게 감명을 주고 한국 교회가 바르게 성장하고 사명을 다하는 데 있어서 역할을 할 수 있기를 바랍니다.

2008년 3월, 부활주일에 김성국 목사

목차

1. 왜 오늘날 영성이 부각되는가?

20세기가 이성의 시대라고 한다면 21세기는 감성의 시대라고 할 수 있다. 이성의 잣대로 따지기보다는 먼저 가슴에 와닿는가가 더 중요한 시대가 된 것이다. 이른바 감성 마케팅이 모든 경제 영역에서 제품 판매의 중요한 변수로 작용하고 있다. 전자제품의 경우도 제품의 기능보다 소비자의 마음을 움직일 수 있는 이미지가 더 중요한 요건이 된 것이다.

그러나 사람들이 경제적 풍요를 누리면 누릴수록 편안하고 안정된 삶과 영혼의 안식을 더 중요하게 여기는 추세는 점점 늘어나고 있다.

과학의 발전과 종교의 부흥은 비례

이러한 경향은 오늘날 종교계에도 그대로 적용되고 있다. 자연과학이 인간을 복제할 만큼 빠르게 발전한 결과로 인간의 삶이 편리해졌지만 이와 비례해서 사람들이 신앙에 관심을 갖고 종교에 귀의한 사례도 증가하였다. 통계자료에 따르면 한국에서 종교 인구는 계속 증가하고 있다. 자연과학과 종교는 반비례한다는 통념을 깨고 비례적으로 발전하는 추세를 보여준다.

이러한 정신적 삶에 대한 관심이 반영되어 오늘날 영성에 대한 관심은 점점 늘어나고 있다. 영성에 대한 관심 아래에서 신과학(New Age Science)적 영성 운동이 활발하게 일어나고 있고, 불교 사찰에서 운영하는 템플스테이(templestay)라는 영성 프로그램은 인기가 높으며, 요가, 마음챙김 등과 같은 많은 영성 프로그램들이 우후죽순처럼 생겨나고 있다. 아울러 교회도 어떤 영성으로 교회의 사명을 완수하며 교회의 발전을 이룰 것인지 고민하고 있다.

사람들은 통전주의(holism)적으로 세상을 봐야 한다고 하는데 그것을 인간에게 적용한다면 인간은 이성과 감성을 가지고 있고, 이 두 가지 모두가 인간이 사물을 인식하고 판단하는데 중요하다. 과거에는 인간의 이성이 중시되었고 이성적 근거를 제시하지 못하면 반이성적이라고 평가되었다. 즉 감성은 올바른 판단을 위한 근거가 될 수 없었다. 그러나 통전적 세계관이 발전하면서 감성을 중요한 판단 근거로 삼게 되었고 감성적인 삶이 삶의 중요한 부분으로 인정되었다. 이러한 흐름 속에서 사람들은 영성에 더욱 관심을 갖게 된다.[1)]

영성은 단순히 이성과 동등한 것이 아니다. 그것은 단순한 감성도 아니다. 그것은 이성과 감성을 넘어서서 그것을 통제하는 것이다. 그래서 어떤 이는 "영성이란 지성, 감성, 덕성 외 제4의 요소가 아닌 이 모두를 완성하는 이것들에 역동적인 힘을 주는 궁극적인 것"[2)]이라고 말한다.

지금은 영성의 시대

지금 한국 교회는 영성의 시대라고 할 정도로 영성이 부각되는 흐름 속에 있다. '영성 운동' 을 통한 '영성 훈련' 이 여기저기서 논의되고 있으며, 새롭게 개발되고, 교회에서 활발하게 적용되고 있다. 교회에서 영성이 추구되지 못한다면, 그것은 자신의 본질을 실현하지 못하는 것이며 교회이기를 포기하는 것과 같다.

그리스도교가 자신의 특성을 중심으로 사람들에게 복음을 전하고 하나님의 나라에 대한 희망을 전해야 한다고 그 선교적 사명을 정리할 때, 교회는 분명 영성적 공동체이고 사람들에게 영성적인 차원에서 삶과 비전을 제시해야 할 것이다. 그런데 문제는 과연 한국 교회가 바른 영성적 관심, 바른 영성 운동을 행하고 있느냐는 것이다.

'영성' 이라는 말은 사용하는 사람에 따라 다양하게 사용된다. 사람들이 영성이라고 말한다고 해서 똑 같은 하나를 말하는 것은 아니다. 죄를 많이 짓고 죄책감에 대한 고민이 많은 사람은 경건한 생활에 힘쓰는 것을 영성이라고 이해하고, 교회 성장을 목회의 목표로 삼는 사람은 영성을 가지고 사람들을 전도해 오는 것이라고 주장하며, 가난한 자를 위해 선교하는 사람들은 가난한 자에게 도움을 주는 것이 바로 그리스도교의 영성이라고 하며, 여성 신학에서는 여성의 굴레를 인식하고 자신들의 해방을 추구하는 것이 영성이라고 한다. 이처럼 사람들은 자신의 삶이 처한 상황과 자신의 삶의 목표에 따라 영성에 대한 관점을 달리한다고 볼 수 있다.

바른 그리스도교의 영성 정립이 필요하다

오늘날 한국 교회는 위와 같이 영성에 대한 다양한 이해를 가지고 있지만 과연 교회의 사명을 바르게 감당하고 있는지 질문해봐야 한다. 사실 그들이 가진 영성을 곰곰이 살펴보면 무언가 문제가 있어 보인다. 한국 교회는 물질적인 기복이나 추구하고, 여기저기에서 문제를 일으키며, 사람들에게 비난을 받고 있다. 언론에서 제기하는 교회의 문제는 어느 한 교회만의 문제가 아니다. 그러므로 우리의 교회의 토대가 되는 영성에는 무엇인가 문제를 가지고 있는 것이 사실이다.

만약 한국 교회가 올바른 영성을 정립하지 못한다면, 교회는 역사 속에서 사라질 것이다. 입으로는 영성을 말하면서 바른 영성이 아니라 자신의 이익을 위해 포장하는 영성이라면, 그것이 어찌 교회에 도움이 되겠는가? 그러면서 교회의 주인이신 하나님이 교회를 존속시킬 것이라고 감히 누가 말하겠는가? 그렇게 말한다면 그야말로 진정한 영성은 없이 교회의 권력에 기대어 값싼 은혜나 팔며 살아가는 종교인에 다름이 아닐 것이다.

그러면 바르고 진정한 영성은 무엇인가? 영성을 말할 때, 모두가 성경을 근거로 말하겠지만, 그것은 그리스도의 영성이고 영성적인 삶은 그리스도의 삶일 것이다. 이 글에서 이중표 목사의 별세영성과 목회가 주목받는 것은 그가 인간의 처지에서 영성을 찾기보다는 그리스도의 영성을 추구했다는 데 있다.

본 논문은 바람직한 영성으로 이중표 목사가 주창한 '별세 영성' 에 주목한다. 영성에 대한 관심은 단지 학문적 관심으로 그치는 것이 아니라 교회에서 구체적으로 실현되어야 한다. 필자는 그의 영성이 루터의 '십자가 영성' 과 칼뱅의 '성화론' 으로 이어지는 과정에 있으며 그가 별세 영성에서 주장하는 예수 안에서의 '놀이 목회' 와 민중 속에 있는 '밥상 공동체' 는 한국적 상황 속에서 그리스도교적 정신을 가장 잘 실현하며, 구체적인 목회 현장인 한신교회에서 실천된 것으로 한국 교회가 바람직한 영성을 세운다고 할 때 가치있는 이론이라고 평가한다.

2. 역사상 그리스도교가 추구한 대표적인 영성 패러다임

1. 청빈의 영성

초대 교회 혹은 초기 그리스도교로부터 중세에 이르는 시기의 영성의 특징은 '청빈의 영성'이다. 초기에 사도 바울이 교회를 세우고 그에 의해 믿기 시작한 그리스도인들은 예수의 말씀에 따라 자기 것을 포기하고 전적으로 예수를 따라 살았다. 그들은 자기가 가진 것을 나눠주고 생명의 위협도 두려워하지 않고 박해를 받았으며 그리스도를 따랐다. 생명을 바치며 선교한 그들의 희생이 그리스도교를 로마 황제가 인정하도록 했다.

콘스탄틴 대제는 313년에 그리스도교를 공인하고 그리스도교인들에게 특혜를 주었다. 그리하여 그리스도인들은 더 이상 지하에 숨어서 예배 드리지 않고 공적으로 예배를 드리게 되었고 교회는 점점 제도화되었다. 교회가 제도화되다 보니 그리스도인들은 과거의 박해 속에서 생동감 있고 진실하며 생명을 바치는 그러한 신앙생활을 잊어버리게 되었고 현실에 안주하는 종교 권력이 되었다. 게다가 성직자는 박해받는 사람이 아니라 군림하는 권력자로 변모했고 이에 따라 성직 매매와 같은 부패한 일들이 발생했다.

이러한 교회의 상황 속에서 신실한 그리스도인들이 교회를 떠나 사막으로 가서 은둔을 하게 된다. 이것이 바로 청빈 영성의 시작이라고 할 수 있다.

최초의 수도자들은 은수생활 영위

신실한 사람들은 이집트로 떠나 은수생활을 시작했다. '은수' 라는 말은 가톨릭 교회의 용어로 '숨어서 도를 닦는다' 는 뜻이다. 중세 시대에는 은수생활(eremitismo)은 없었지만 은수자들(eremitas)은 있었다고 말하는 사람도 있다. 이것은 은수자들이 특별한 조직을 갖거나 공동으로 함께 모여 수도생활을 한 것이 아니라 모두가 각자 혼자서 수행을 했기 때문이다. 수도생활의 발전사에서 보면 처음에 사람들은 혼자 은수생활을 했으나 나중에는 공동체를 구성하여 공동으로 수도생활을 하는 공수생활로 발전했다.[3)]

처음에 수도자들은 이집트로 모였다. 사실 그들은 사제가 아니라 평신도들이었다. 성령의 특별한 영적 경험을 한 후, 부패한 교회 권력을 떠나 그리스도를 따르는 생활을 하기로 결심한 사람들이었다.

수도자들이 이집트에 모인 것은 이집트라는 땅 자체가 거룩하기 때문은 아니었다. 이집트는 사막 지대에 있었고, 사막은 세상과 단절된 삶을 살기에 적합한 지역이었다. 역사에서 보면, 많은 사람들이 교회를 피해 사막으로 온 것을 알 수 있다. 예를 들면 성 아리우스는 교회로부터 추방되어 이집트의 사막으로 왔다. 그 당시 사람들에게 사막은 영적인 장소로 생각되었다. 사도 바울도 그리스도를 만난 후에 사막에 와서 경건한 생활을 한 것으로 성경은 기록하고 있고, 초대 교부 중에 유독 영성에 대해 깊이 말했던 오리겐 역시 사막에서 영적인 체험을 한다. 그들은 수도생활에 적합한 사막을 찾아 이집트로 모여들었다.

수도자들은 각자 은수생활을 했으나, 당시에 그들을 부르는 일정한 명칭은 없었다. 일반적으로 '금욕자', '수도자' 라고 불려졌고, 3세기 말 이후와 4세기에는 '고백자' 라고도 칭해졌다. 여자들에게는 '동정녀' 라는 명칭이 가장 일반적으로 사용되었다.[4)]

수도자들과 동정녀들은 별다른 조직을 갖추지 않았다. 사막의 수도승들은 공동으로 생활하거나 수도원 공동체를 세우지는 않았다. 그들은 혼자서 외로운 가운데 수도생활에 정진했다. 그 외로움 또한 수도의 한 방법이라고 보았다. 그러한 초기 수도자의 전형적인 대표자는 성 안토니오이다.

은수생활의 대표자 성 안토니오

성 안토니오는 그리스도교 첫 번째 수도자는 아니었지만, 당시 독거하는 수도자 중에서 가장 두드러진 인물이었다. 그는 수도생활 중에 막시미노(Macsimimo)가 그리스도교인들을 심하게 박해한다는 소식을 듣고 고독한 수도생활을 포기하고 체포된 그리스도인들을 돕기 위해 알렉산드리아로 갔다. 거기서 그는 박해받는 사람들을 도왔고 박해가 멈췄을 때 그는 다시 사막으로 돌아와 다시 고독한 수도생활에 전념했다.

그의 수도생활의 특징은 고독한 은수생활을 했다는 점이다. 교회의 역사가 소스메오는 성 안토니오를 이집트인들 가운데 가장 정확하고 고독한 철학을 시작한 사람으로 평가했다.

당시에 수도자들은 고독한 독수생활을 경건한 생활이라고 간주했다. 그래서 그들은 공동의 삶을 모색하고자 하지 않았다. 그들 사이에는 단순한 의사소통이 있었을 뿐이다. 그들은 상호 인간관계를 맺거나 교류하지 않았다. 따라서 그들은 예수의 사랑을 실천하는 수도생활을 적극적으로 행하지는 못했다. 예수님은 사람들 가운데서 사람들을 사랑하는 적극적인 삶을 살았다. 그들은 적극적으로 사랑을 실천하는 대신에 소극적으로 육신의 몸을 치는 고행을 통해 경건한 삶을 사는 데에만 관심을 가졌다.

그 결과 수도자들은 교회 공동체를 추구하지도 않았고 교회 공동체의 중재가 이루어지지 않는 개인적인 영적 영역 속에 철저히 머물러 있었다. 교회는 분명 그리스도의 삶과 정신을 실현하는 그리스도인 공동체이다. 세상을 등지는 영성은 잘못된 영성이거나 무의미한 영성이 되기 쉽다. 그런 점에서 독수생활을 했던 경건의 영성은 공동체를 등한시한 자신만의 영성이라고 할 수 있다.

은수생활을 넘어서 공수생활로

자신의 육신과 투쟁했던 독수생활을 공수생활로 전환시킨 사람은 성 빠코미오(Pachomius)이다. 사람들은 그를 '공수생활의 설립자' 라고 부른다.

빠코미오는 수도자들이 공수생활을 위해서는 세 가지 삶의 형태가 있다고 보았으며, 그것을 실천했다. 첫째로, 수도자는 전적인 자기부정의 표시로서 모든 재산을 공동으로 내놓아야 했다. 둘째로, 복종과 상호 봉사를 위해 공동체 생활을 해야 한다. 이것은 은수자들이 행한 독자적인 금욕보다 훨씬 더 효과적인 마음의 정화를 위한 수단이라는 것이다. 마지막으로는 공동체의 발전을 위한 전제 조건인 규칙을 충실히 준수하는 것이다. 이 세 가지 원칙에 따른 공수생활을 수도자들이 여기저기 모여 스스로 규칙을 지키기 시작하면서 공동체로 발전되었다.

그러나 이러한 빠코미오의 공동체 생활의 규칙은 수도원 밖의 세상을 향한 형제애로 발전하지 못했다. 그것은 다만 수도원 생활에만 적용되었다. 그럼에도 불구하고 빠코미오의 수도자 생활은 은수생활을 할 수 없었던 많은 그리스도인들에게 여러 가능성을 열어 주었다. 이러한 공주(共住)생활은 동방 및 서방이 모두 받아들였다.[5]

성직자나 독신남자들이 동정녀를 보호하고 그들에게 영적으로 필요한 것을 주기 위해 그들의 집에 함께 살았다. 그러나 초대 그리스도인들에게 있어서 결혼생활의 소명은 정상적인 부름일 뿐 아니라 독신생활과 세속과의 결별은 결혼생활에 대한 경멸이나 피조물에 대한 마니교적 부정을 의미한 것이 아니라는 점을 우리는 주목해야 할 것이다.[6]

수덕생활을 위해 수도원 탄생

수도자들이 수도원을 조직하여 하나님의 뜻을 따르고 윤리적인 이상을 실현하기 위해 점진적인 정화와 지속적인 노력을 하는 삶을 우리는 '수덕생활'이라고 말한다. 초기인 3세기에 수도자들과 동정녀들은 별다른 조직을 갖추지 않았다. 가족과 함께 살면서 하던 일을 계속하며 살아갔다.

이후에 성 요한 크리소스또모(Chrysostomo)는 세상이 그리스도교적이지 않으므로 수도원이 필요하다고 주장했다. 그는 4세기에 금욕자요, 관상생활을 사랑한 사람이었으나 설교자 및 영혼의 지도자로서 활동에 자신의 전력을 바쳤다.[7] 그는 고립적인 수도생활을 청산하고 함께 모여 하나의 수도원 공동체를 만들어 내적으로 철저한 신앙 공동체를 이루고자 했다.

수덕생활을 위해서 수도원은 먼저 동정 서약을 요구했다. 테툴리아노(Tetuliano)는 그리스도교인과 동정녀들의 실제적인 결혼에 대한 사상을 아주 분명히 하고 있다. 불충실한 동정녀는 중한 벌을 받는 규정이 있었다. 이것은 교회가 동정의 약속을 받아들였고 또한 모든 공동체가 이를 알고 있었다는 표시가 된다.

수도자들과 동정녀들의 생활방식을 그들이 가장 중시한 것은 예수를 본받는 삶이기 때문이다. 그러나 이런 삶은 예수의 삶을 해석하여 그 당시에 맞게 개조한 삶이 아니라 성서에서 말하는 예수의 실제적인 말과 삶을 글자 그대로 받아들이는 것이었다. 둘째, 그들은 가난하게 살았다. 그런 의미에서 수도원의 영성은 가난의 영성이었다. 셋째, 수도자들은 세상에서 자기를 분리하였다. 그들은 오직 수덕을 통해 하나님께 축성된 사람으로 살기를 원했다. 넷째, 그들은 동정생활을 원칙으로 했다. 다섯째, 수도승들은 수덕생활을 통해 인간 본성의 위험을 없애고자 하였다. 그래서 교부들은 언제나 깨어 지키고 있을 것을 당부했다.

베네딕트 규칙과 수도생활

역사적으로 보면 수도원의 형성과정 속에서 수덕생활의 기준이 확실히 세워진 계기는 <성 베네딕트의 규칙>이 제정된 것이었다. 이것은 서방 교회에 속한 모든 수도자들의 생활에 가장 큰 영향을 미친 문서였다. 당시에 이미 여러 수도 규칙들이 존재했으나 817년에 공의회는 성 베네딕트 수도 규칙을 수도생활의 기본 규칙으로 결정했다.

9세기부터 서방 수도자 생활을 독점했던 베네딕트 규칙은 하나님의 일을 중심으로 수도원 생활을 구성하고 있다. 즉 신적인 일, 성무일도(聖務日禱)가 그 중심이었다. 수도자들이 규칙에 따라 살아가기 위해서는 도구와 제도가 필요했다. 예배와 영적 독서를 위해 책들을 보관하는 도서관이 있어야 했고, 수도자들을 가르치기 위한 내부 학교가 있어야 했다. 이 학교에는 일부 소책자들이나 교과서가 구비되어 있었다. 또한 잘 정리된 수도원들은 문서고가 필요했으며 기도와 손으로 하는 일은 중세 수도승들의 삶과 일과를 이끄는 두 기둥이었다.[8] 이러한 제도가 나중에 유럽사회를 위한 제도로 확장되었다.

수도원은 이러한 사회제도를 만들어냈을 뿐 아니라, 문명화를 이루었고 불모의 땅을 개간하여 농사를 짓는 땅으로 만들었다. 그리하여 수도원은 서양 사회를 위한 경제적인 공헌도 했다.

청빈과 고행의 영성에 대한 평가

사막에서 외롭게 독립적으로 수도생활을 했던 수도 시대를 지나 공동체적인 수도원을 조직하고 함께 수도생활을 했던 수도자들의 영성은 청빈과 금욕의 영성이었다. 그들은 세속에서 떠나 은밀한 중에 하나님을 만나는 영성에 몰입했다. 그리고 그러한 영성은 수많은 영성가들을 배출해 냈고 그리스도교 영성의 주류를 형성하였다.

그 영성은 세상을 구원하는 영성으로 발전했다. 그 영성은 처음에는 세상에서 도피하거나 은둔하려는 것이었겠지만, 수도원의 발전 과정을 통해 세상 안으로 들어갔다. 특별히 프란치스코 수도회는 세상을 위해 봉사하는 수도회로 자신을 규정했다.

수도자들이 자신의 영성을 유지시키는 방법은 고행이었다. 그들은 고행의 한 방편으로 금욕과 금식, 사막생활을 자청하였다. 이것은 무엇을 말하는가? 이것은 그들이 '육체적 영성훈련'을 중시하였다는 것을 의미한다. 그리하여 수도원의 영성은 금욕과 고행의 영성이요, 이것은 육체적 영성이라고 말할 수 있다.

이러한 영성은 의미 있는 영성이다. 그것은 그리스도인이 인간적인 욕심을 버리고 헌신적인 삶을 살 수 있는 기반을 제공한다. 인간을 자신의 죄를 줄이는 삶으로 인도하고 끊임없이 정욕을 버리게 한다. 그러나 이 영성이 과연 예수를 본받는 그리스도의 영성인지 의문을 제기해야 한다.

그리스도는 적극적으로 사람들을 도와 나눔의 영성을 실현했고 자기를 버려가며 헌신했으며 사람들을 영적으로, 그리고 육적으로 치료했다. 이것이 그리스도의 사역인데 이것은 소극적으로 자신의 마음만을 닦는 것이 아니라 하나님 나라를 선취하는 실천을 행동으로 한 것이었다.

그런 면에서 본다면, 영성의 유지를 위해서 행하는 반 육체적인 행동을 하는 청빈과 고행의 영성이 그리스도교적인 것인지 의문이 간다. 여기에는 일종의 이원론적인 사고가 반영되어 있다. 이원론은 육체는 우리를 죄짓게 한다고 본 것이다. 그리하여 육체를 쳐서 그 육체의 감옥에 갇힌 영혼을 구해내야 한다고 주장한다. 그리고 이 청빈과 고행의 영성은 잘못 영지주의적 영성으로 흐를 가능성이 있다. 영지주의는 육체를 천시하고 오직 영적 구원만을 주장한다.

이러한 문제 앞에서 우리는 그리스도의 삶을 다시 한 번 본다. 그리스도는 사람들의 육체를 치료했고 세상을 하나님의 나라로 만들고자 하였다. 그래서 몰트만은 "신체성이 곧 그리스도 사역의 최종 목표"라고 말했다.[9] 그리스도는 결코 육체로부터 영혼의 구원이나, 육체를 경시한 구원을 말하지 않았다. 따라서 그리스도교의 영성은 고행이 아니라 복음의 영성이어야 한다. 영성은 이 세상에서의 삶을 행복으로 이끄는 것이어야 한다.

2. 십자가의 영성

영성적 삶의 무대가 수도원에서 교회로 이동

청빈의 수도원적 영성이 고대와 중세의 가톨릭 교회의 영성이라면, '십자가의 영성'은 종교개혁 이후 루터에 의하여 부각된 개신교적인 영성이라고 말할 수 있다.

중세에 수도원 중심의 영성이 세속과 분리되어 존재했다면 종교개혁은 그리스도인의 삶의 한복판으로 영성을 옮겨왔다. 즉 영성적 삶을 수도원에서 교회로 이동시켰다. 이때부터 교회는 영성의 중심이 되기 위해 영성훈련을 행하고 세상 사람들을 위해 봉사하는 공동체로 발전한다.[10)]

계시된 하나님과 숨어 계신 하나님

루터에게 있어서 하나님은 한편에서는 우리에게 보여진 부분이 있고 다른 한편에서는 우리에게 보여지지 않고 감추어진 부분이 있다. 우리에게 감추어진 면은 인간이 이성으로 파악할 수 없고 상상할 수도 없는 초월적인 영역이다. 이 부분은 언제나 신비롭게 가려져 있다.

우리에게 보여진 하나님은 그리스도를 통하여 나타난 부분인데 이것은 하나님이 자신을 피조물에게 스스로 보여주신 것, 즉 계시하신 부분이다. 우리 피조물은 이 '계시된 하나님' 부분을 알 수 있다.[11)] 우리가 그 계시된 하나님을 인식한다고 해서 하나님의 전부를 인식하는 것은 아니다. 우리에게 감추어진 '숨어계신 하나님' 을 우리는 인식할 수 없기 때문이다.

계시된 하나님은 그리스도의 십자가상에 나타나셨다

인간이 하나님을 아는 방법은 오직 계시된 하나님을 아는 것 밖에 없다. 물론 그 계시된 하나님이 하나님의 전부가 아니기 때문에 신비에 싸인 하나님을 다 알 수는 없다. 그렇다고 하나님 알기를 포기할 수는 없다. 인간이 인식할 수 있는 부분까지는 인식하되, 자기가 인식한 부분이 전부라고 생각하지 않으면 된다.

하나님이 피조물에게 보여주신 하나님은 그리스도이신데, 루터는 '십자가에 달리신 하나님' 을 우리에게 '계시된 하나님' 이라고 본다. 예수 그리스도의 삶을 보면 우리는 여러 면을 발견한다. 그는 설교하고 제자들을 가르치고, 병을 고치거나, 사람들을 먹이는 기적을 행해 사역을 하기도 하셨다. 그러한 것이 모두 하나님이 계시된 부분일 것이다.

그러나 루터가 특별히 계시된 하나님을 말하는 그리스도의 모습은 십자가에 달린 모습이다. 루터가 생각할 때 하나님은 예수 그리스도가 십자가에 매달린 사건 속에서 최종적으로 완성된 형태로 나타났다. 예수 그리스도는 십자가를 짊어진 진정한 하나님이고, 우리는 그 십자가 사건 속에서 하나님을 봐야 한다. 하나님은 형이상학적으로 인식되는 것이 아니고, 자연 속에서 파악되는 존재도 아니다. 하나님은 오직 지금 고통을 받고 있는 십자가 위에서만 인식될 수 있다는 것이다. 예수 그리스도는 참으로 복잡하고 논란이 많은 당시의 현실 속에서 흔들림이 없이 하나님의 뜻대로 대처하고 복음의 메시지를 확신을 가지고 전하기 위해서 늘 내적인 고요함과 평화가 필요했다. 그것은 광야에서의 시험, 변화산의 체험, 겟세마네의 기도, 십자가의 기도로 이어지는 끝없는 기도 훈련이었으며, 이것은 십자가로 나아가는 길이었다.

예수 그리스도는 우리 피조물을 위해 십자가에 매달렸다. 왜 십자가에 매달렸는가? 그것은 피조물을 사랑하기 때문이다. 젊었을 적에 루터는 구원에 이르고자 공적을 쌓으려고 노력했다. 그는 수도원의 규칙을 엄격하게 지켰다. 그리스도의 고난에 동참하고 자기의 죄를 사함받고자 고난의 길을 걷기도 했다. 그는 아무리 그렇게 행해도 양심의 가책에서 벗어날 수는 없었다. 그러던 그가 묵상하던 중에 십자가에 달리신 하나님의 사랑을 깨닫는다. 그리고 그는 겸손해지고 감사하는 신앙을 갖게 되었다. 그러한 신앙 속에서만 인간은 구원에 도달한다고 그는 생각했다.

하나님이 그리스도의 십자가 고통 속에서 인식된다는 십자가 신학은 철두철미하게 경험과 이성적인 세상의 견해로는 이해할 수 없다. 이것은 신앙생활 속에서 믿음이 없는 세상과 사람들이 이성과 경험으로서의 실재와 항상 갈등을 일으키는 것을 의미한다. 그러므로 십자가 신학은 하나님과 인간 사이의 파괴된 실재를 있는 그대로 보며, 그 파괴 상태는 삼위일체 하나님에 의해서만 치료될 수 있다고 말한다.

인간은 공적이 아니라 그리스도의 십자가 속에서 칭의에 관심가져야

십자가에 매달리신 하나님의 사랑에 대한 감사 속에서 루터는 구원을 경험했기 때문에, 인간이 자신이 행한 공적으로 성화에 이른다는 것을 근본적으로 부정한다. 당시에 가톨릭 교회는 면죄부를 판매했는데 그는 이것을 거부하고 그리스도인은 "모든 선한 행위 속에서 믿음을 연단시켜야 한다"[12]고 말한다. 여기서 루터는 선행과 신앙을 구분하고 신앙생활을 통하여 선행에 대한 지식이 늘어가는 것이 그리스도인의 관심사가 아니라, 그리스도 예수에 대한 지식 가운데 자라는 것이 모든 그리스도인의 가장 중요한 관심사가 되어야 한다고 말한다.[13] 루터는 최고의 선행은 '예수를 믿는 신앙' 이라고 밝힘으로써, 인간의 선행은 하나님의 칭의를 통해서 이루어지고 그 다음에 오는 것이라고 본다.[14] 그리하여 그는 행위로부터 칭의를 얻게 된다는 어리석은 이해와 절연해야 한다고 주장한다.[15] 선행은 신앙의 결과라는 것이다.

인간의 자유의지는 죄의 노예 의지

루터의 이러한 이해는 근본적으로 그의 인간 이해에 근거한다. 그는 인간에게 자유의지가 있지만, 인간은 그것을 통해 선을 선택할 수 없다고 보았다. 즉 인간은 근본적으로 자유의지를 가지고 악한 것, 혹은 자기의 욕심을 실현시킨다는 것이다. 그래서 그는 자유의지가 아니라 죄의 '노예 의지' 라고 말한다. 자유의지를 가진 인간이 죄의 노예 의지를 가진 것뿐이라는 인간 이해는 인간이 선을 행해 공적을 쌓는 것은 불가능하다는 인식이다. 인간에게는 선을 어떻게 행할 것인가가 아니라 자기가 범한 죄를 어떻게 씻을까가 더욱 중요한 셈이 된다.

그래서 피조물은 자기를 인식하는 것이 중요하다. 자신이 선을 행할 수 없다는 절망이 필요하다. 자신은 선을 행할 수 있는 능력이 전혀 없다고 인정할 때, 그 안에 말씀을 받아들일 수 있게 된다. 그러면 그는 실제적으로 의로움만을 행하는 사람은 아니지만 의인이라고 인정되고 자유인이 된다. 루터는 말하길, "말씀을 받아들이는 것이 그 영혼으로 하여금 그 말씀에 속하는 모든 것을 나누는 사람이 되게 한다".[16]

루터는 그러한 인간관 아래에서 신앙관을 정립하는데 예수에 대한 올바른 신앙은 "선행으로부터 우리를 해방시키는 것이 아니라, 선행에 대한 잘못된 견해에 대하여 곧 의인이 선행으로 얻어진다는 어리석은 가정에서 해방 시키는 것"이라고[17] 주장한다. 이것은 우리가 살아가는 모습이 "하나님을 기쁘게 한다는 것을 마음 가운데 확신한다면, 비록 그것이 지푸라기 하나를 집어 올리는 작은 일이라고 할지라도 그 행위는 선하다"는 진정한 소명을 이해하고 선행을 하여야 한다는 것을 의미한다.[18]

그리스도인은 모든 사람의 종이며 모든 삶에 예속 되었으므로 주어진 일을 날마다 기쁘게 행하며 말씀 안에서 살아가며 선행으로 하나님과 이웃을 기쁘게 하며 이웃에게 봉사해야 하는 청지기 사명을 갖게 된다. 따라서 우리가 선행과 의식 가운데서 행하고 살고 존재하는 것은 이러한 생활의 필요성과 우리의 몸을 다스리려는 노력 때문에 하는 것이다.

자유인은 소명의식을 가지고 청지기로 살아

청지기의 삶은 그리스도인이 이제부터는 자유인으로 살아간다는 것을 의미한다. 청지기로서의 삶을 살지 않는다면, 그는 자유인이 아니라, 죄의 노예이다. 그리스도인이 이러한 청지기로서의 삶을 살려면 소명의식을 아는 것이 필요하다고 루터는 본다.

그에 따르면, 소명의식은 세 가지로 나타난다. 그 하나는 '하나님에 대한 소명' 이다. 루터는 모든 직업은 하나님 앞에서 평등하다. 직업은 하나님이 주신 것으로서 그리스도인이 봉사하는 소명을 실현하게 한다. 그래서 루터는 직업에 대해 "우리 생의 위치와 조건인 여러 가지 창조질서 가운데서 행하는 우리의 활동을 포괄하는 봉사의 소명"이라고 선포한다.[19] 그리스도인은 직업을 통해 하나님에 대한 소명을 실현한다.

이러한 해석은 모든 그리스도인들이 하나님과 동료 인간들을 섬기도록 부름을 받았다는 것을 의미한다. 소명이 종교적인 소명과 세속적인 소명으로 구분되는 것이 아니라 하나님의 계시로써 소명은 모두 동등하다는 '소명의 보편성' 을 주장하게 되었다. 루터가 말하는 소명의 개념은 "모든 사람은 자기 자신의 소명과 일을 돌보아야 한다"는 말 속에 제시되어 있는데 모든 피조물은 소명을 가지고 태어난다는 것이다. 루터에 의하면 그것은 하나님의 창조의 섭리이다.[20] 이러한 소명에 대한 이해를 적용하면 사람들의 소명인 직업은 고귀한 것과 천한 것이 있는 것이 아니며 세상 속에서 교황과 사제만이 영적으로 더 거룩하고 높은 지위를 얻을 수 있는 것이 아니라는 것이다.

이런 의미를 반영하여 루터는 만인 제사장설을 주장한다. 루터는 "지상의 영역에서 사람들은 항상 다른 사람들과의 공동체 관계 속에서 살아가기 때문에 그리스도인은 다른 사람들에게 봉사하도록 하나님께 부름 받았고 그러므로 우리는 이웃 돕는 일 밖에 행할 것이 없다"고 말하였다. 그러므로 직업을 통해 다른 사람에게 봉사하는 소명을 가진 사람은 모두 제사장이라는 것이다.

두 번째는 '이웃에 대한 소명' 으로 나타난다. 부패한 중세 가톨릭 교회는 이웃을 점차 잊어가고 있었다. 이런 상황에서 진실한 그리스도인은 자신만을 위하는 삶을 영위하는 것이 아니라 그저 기쁜 마음으로 하나님을 섬기고 이웃을 돕는다는 소명의식을 자각하기 시작하였다. 루터는 "온 세상과 당신의 이웃을 위하여 유익하고 필요한 것이기 때문"에 이웃에게 봉사하는 소명의식으로서 직책의 필요성을 강조하게 되었으며, 단지 소명은 사람 앞에서 안정과 힘을 주고 실제적인 의가 되는 것뿐이라고 지적하였다.[21] 이는 이웃을 계층의 차이로 보는 것이 아니라 하나님 안에서 모두가 평등한 신분으로 정의함으로써 권위로서의 직업이 아니라 봉사와 직무로서의 직업을 강조하게 된다. 그것은 자기의 존재, 동료에 대한 태도, 복음의 증거 등 용서, 인내, 희생이라는 계명에 순종함으로써 인류가 함께 사는 공동체 속에서 "각자 그의 직업 속에서 그의 의무를 다하게 하라"는 것이다.[22]

세 번째는 '직업에 대한 소명' 이다. 세례, 견신례, 만찬, 고해, 종부성사, 신품성사, 혼배성사 등 7성사를 은총의 방편으로 주장하는 중세 가톨릭 교회는 현세와 내세를 막론하고, 사람의 운명 전체를 지배하게 되었다. 루터는 이러한 모순 속에서 세속적 계급 위에 있는 영적 계급에 대해서 비판하면서 직공들과 농민들을 '세속적 계급' 이라고 부르는 것 자체가 잘못되었으며 모든 그리스도인은 영적 계급에 속하며 그들 가운데는 "직무상의 차별 외에 아무것도 없다"며 가톨릭의 직업관을 반박하였다.[23] 또한 루터는 평신도와 사제, 군주와 주교, 영적인 것과 세속적인 것 사이에는 실제로 직무와 일에 관한 것 외에는 아무런 차이도 없다고 지적한다. 이것은 하나님의 가르침에 충실하지 않은 채, 성경에 대한 올바른 이해를 가지지 못한 성직자가 있을 수도 있으므로 "신앙에 근거한 성서 해석에 따라 교회들이 행하거나 행하지 않는 모든 것을 판단해야 한다"는 것을 의미한다.[24] 루터에게 있어서는 모든 소명과 직무는 하나님의 섭리적 목적과 이웃을 섬기는 일을 이루는 것이기에 중세 가톨릭 교회의 직업관에 대하여 새로운 해석을 요구하게 된 것이다.

루터의 십자가 영성은 이웃과 세상 속에서 실현되는 영성

그리하여 루터에게서 영성은 하나님만을 수직적으로 바라보고 받아들이는 영성이 아니라 세상 속에서 이웃과 자신의 일을 통하여 실현되는 영성이다. 이러한 영성관은 당시 가톨릭교회의 소명관을 비판하며 영성을 사회에 더욱 관련시킨 것이다. 당시에 가톨릭 교회는 궁극적으로 수도사만이 하나님으로부터 참된 소명을 받았다는 사상을 가지고 있었다. 그리하여 자신들의 수도원적 삶은 거룩한 일로 여겨 소명이라고 칭하면서, 세속적인 삶에 대해서는 종교적인 의미를 부여하지 않았다. 이러한 생각은 "천한 일을 경멸하거나 인간의 존엄에 알맞은 일이 아니라고 판단하는 불경에 대한 유력한 경고"로 볼 수 있으며 육체노동을 과소평가하게 되는 요인이었다.[25)]

루터는 이웃과의 관계 속에 있는 직업관을 제시한다. 그에 따르면, 아담은 하나님이 게으르지 않게 하려고 동산지기를 맡기신 것이지 생계의 수단으로 동산지기 직업을 주신 것은 아니라는 것이다. 즉 아담에게서 본 것 같이 소명은 의무와 즐거움, 그리고 계명과 사랑을 완전히 보완이 되도록 해야 한다는 것이다. 사람들은 자신의 직업을 생계수단으로 이용할 수 있다. 그러나 무엇보다도 중요한 것은 이웃 사랑은 자기 자신의 일에 관심을 쏟는 것이 아니라는 것이다. 또한 직업 역시, 그것이 얼마나 귀하냐, 천하냐에 있는 것이 아니라 이웃과 사회를 위하여 얼마나 유익하고 필요한 것인가 하는 것이다. 이것에 대하여 루터는 "하나님께서는 자기 자신이 일하고 있기 때문에 사람들에게도 일을 하라고 부른다". 그러므로 사람들도 각자 세속에서 자신에게 맡겨진 직업을 통해 복음의 모범을 보일 것을 강조하고 있다.[26)]

사람들이 하나님과 협동하는 것은 방향을 하나님께 돌리는 것이 아니고 그의 이웃에게 돌리는 것이므로, 사람들에게 있어서 직업은 사회에서 신성한 직무로서 올바르게 수행되어야 하는 것이다. 자신에게 주어진 직무를 수행하는 사람이 그릇되거나 악한 사람이라면 또는 그것을 바르게 행하지 않는다면 그 결과는 백성들에게 큰 고통과 실망을 가져오게 되어 결과적으로 하나님의 뜻과 어긋

나게 된다는 것이다.

이러한 루터의 직업관은 독일어에도 그대로 표현되어 있다. 독일어에서 직업이라는 표현은 베루프(Beruf)인데 이는 동사형 베루펜(berufen)을 명사화한 것으로서 '불러내다' 라는 의미를 가지고 있다. 하나님이 이 세상에서 사람들 각자에게 고유한 일을 하며 살라고 사람들을 불러냈는데, 그 '일' 혹은 '사명' 이 '직업' 이라는 것이다. 그리하여 독일어에서 직업관은 신앙과 관련이 없는 것이 아니라 신앙의 한 부분이고 그 직업을 올바르게 수행하는 것은 하나님의 사명을 행하는 것이며 하나님의 부르심에 응답하는 것이 된다.

따라서 루터에게 있어서 신앙은 철저히 사회 속에서 이루어지는 것이다. 그것은 면벽하며 수행하거나 혼자 노동하며 살아가는 것이 아니다. 이러한 사회적 관계를 이루는 데 있어서도 루터는 사람들의 평등한 관계성을 중시한다. "그리스도인은 아무에게도 종속되지 않는 완전히 자유로운 만물의 영장"이므로 세속 사회는 상하의 지배와 종속의 관계가 아니라 서로 횡적으로 평등하게 연계된 조직이라는 것이다.[27]

루터는 소명론을 통하여 교회, 정치, 가정과 같은 사회관계에 대한 생각의 초점을 직업에 두고 구성했다. 그는 오히려 직업의 귀천은 그 일이 좋지 않을수록 더욱더 좋다고 주장함으로써, 하나님과의 관계를 소명으로 말하고 있고 이를 통해 영성을 세상 속에서 실현되는 영성으로 제시한다.

십자가의 영성에 대한 평가

루터의 '십자가의 영성'은 중세 신학의 수도원적 '청빈의 영성'의 자리에 '예수 그리스도의 영성'으로 자리매김하는 중요한 의미를 갖는다. 수도원의 청빈과 고행의 영성은 인간의 노력을 강조했다. 그리하여 하나님의 영성이 마치 수행을 통해 이루어지는 것으로 생각했다. 그러나 루터는 십자가 신학을 통해 인간의 노력이 구원에 있어 얼마나 무의미한 것인가를 드러냈다. 이것은 십자가에서 죽으신 예수를 바라보고 구원의 주로 고백하는 믿음 위에서만 구원은 가능하기에 십자가 위에 계신 예수 그리스도의 부름에 인간이 응답함으로써 인간은 구원된다는 것이다. 루터의 십자가 영성은 바로 이러한 부름에 대해 응답을 하는 영성이다.

이러한 공헌에도 불구하고 루터의 십자가 영성이 한계점을 가지는 것은 예수의 십자가의 영성을, 예수 그리스도의 십자가를 통하여 구원을 받는 인간 자신의 옛 자아가 죽고 예수 안에서 새 생명을 말하는 갈라디아서 2:20절의 '자기 죽음'에 대해서는 강조되지 못한다는 점이다. 예수 그리스도가 십자가에서 고난당하는 모습을 보면서 그리스도인도 자기의 옛 삶을 죽이고 예수 그리스도가 부활하듯이 새로운 존재로 중생, 즉 거듭나야 한다.

그런데 예수 그리스도의 십자가 사건이 루터에게서는 하나님의 사랑만을 의미하는 것으로 강조되어 있다. 그 사건은 인간도 행해야 하는 일로 루터는 파악하지는 않는다. 그러므로 루터에게 있어서 예수 그리스도의 십자가 사건은 하느님이 자기를 보여주는 방식으로 이해하기 때문에 예수 그리스도의 신성은 강조된다. 하지만 그의 인간적 삶, 혹은 그리스도인이 본받아야 할 삶의 부분은 약화되 었다고 할 수 있다. 그리스도가 하나님을 계시하였지만 완전한 인간으로서의 모범적인 삶은 우리가 그의 제자로서의 삶을 살게 한 것으로 볼 때, 루터에게 그리스도의 인간성은 크게 주목받지 못했다고 볼 수 있다.

3. 켈트 영성

켈트 영성이란 영국 초대 교회의 영성을 말한다. 초기 그리스도교의 영성에는 두 흐름이 있었다. 하나는 로마의 영성이고, 다른 하나는 켈트 영성이다. 로마의 영성은 베드로의 전통을 따른 반면 켈트의 영성은 요한의 전통을 따랐다.[28)]

켈트 영성은 요한 영성의 전통

베드로는 권위있는 제자로서 마태복음에 주로 나타나고, 요한은 주님의 사랑받는 제자로서 주로 요한복음과 요한서신을 통해 나타난다. 마태복음은 베드로를 반석이라고 표현하고 있고, 그 위에 그리스도가 교회를 지을 것이라고 말한다. 그리하여 베드로의 영성은 교회의 제도권을 형성하는 영성이었고, 로마의 영성은 이를 계승하여 제도적 교회를 강조하였다.

반면에 요한복음은 "모든 것이 그로 말미암아 생겨났으니 그가 없이 생겨난 것은 하나도 없다"(요한복음 1:3)고 말하면서 하나님과 피조물의 관계성은 물론 복음의 내용인 하나님의 사랑과 피조물과 간의 사랑에 대해서 말한다. 요한은 피조물 속에서 하나님의 심장박동 소리를 듣고자 하는 신비한 영성을 가지고 있다.[29)]

베드로의 영성이 교회의 제도권 형성에 기여했다면 요한의 영성은 그리스도교 복음의 실현에 관심갖고, 그것을 하나님과 피조물 간의 관계성 속에서 풀고자 한다. 그런 의미에서 요한의 전통은 세상 모든 존재를 하나님과의 연관성에서 보게 하며, 모든 피조물 속에서 하나님의 말씀을 듣고자 하는 전통이다.[30)]

신학적으로는 로마의 영성은 아우구스티누스가 대표하고, 켈트의 영성은 펠라기우스가 대표한다. 그러나 우리는 펠라기우스는 이단이라는 로마의 전통을 중심으로 신학을 형성해왔다. 펠라기우스의 주장은 살펴보지도 않고, 살펴볼 수도 없이, 로마의 전통에서 평가한 펠라기우스에 대한 언급만을 우리는 배웠다. 그러나 우리는 이 두 전통 중 어느 하나를 포기하기보다는 두 전통을 결합하고자 해야 할 것이다. 교회의 권위 속에서 신앙생활을 하는 것과 신앙을 삶 속에서 실천하며 사는 것, 그 둘은 어느 하나도 포기되어서는 안 되기 때문이다.

교회의 가르침이 아니라 삶 속에서 하나님을 인식

펠라기우스는 교회가 만든 교리와 교회가 정경으로 결정한 성서가 하나님을 아는 방법의 전부라고 보지는 않는다. 그는 "그대들은 교리가 하나님의 신비를 깨닫기 위한 시도로써 인간에게서 비롯되었다는 것을 깨달을 것이다. 그대들은 성서 자체도 예수의 가르침과 모범을 기록한 인간의 산물이라는 것을 깨닫게 될 것이다. 그러므로 그대가 무엇을 믿는다고 하는 것이 문제가 아니라 어떻게 그대의 마음과 행동으로 응답하는가가 중요하다. 그리스도를 믿는 것이 중요한 것이 아니라 그리스도와 같아지는 것이 중요한 것이다."[31]

그는 규정된 교회의 가르침보다는 삶 안에서 하나님의 소리를 듣는 것을 더 선호했다.[32] 다시 말하면 펠라기우스는 "전형적으로 제도권 교회에 대해서보다는 살아가면서 내적인 자아를 열어 보일 수 있고 '아무것도 감추지 않는' '영적 친구를 찾는 것' 에 더 관심을 기울였다". 그것은 펠라기우스가 말했듯이 그 자신의 마음에 있는 것을 더욱 찾아나가기 위하여 "모든 것을 드러내는" 것이었다.[33]

우리는 펠라기우스의 그런 점은 보지 못하고 교회의 권위에 반대한 다른 주장을 통해 그를 평가했다. 소위 펠라기우스주의는 하나님의 구속의 은혜가 아닌 우리 스스로를 구원할 수 있는 능력을 의미한다는 경멸적인 용어로 이해되었다. 복음을 실현하자는 것은 무시되어 결국 로마와 충돌했다. 현실적으로 교회에 의하여 이 영성은 거부되었다. 그 후 펠라기우스는 숨어 살았다. 그러나 그 영성의 조류는 살아남았고 현재에도 그 영성의 전통은 유지되고 있다.

인간은 본래적으로 선하다

인간이 선한 삶을 살아야 한다는 펠라기우스의 주장은 인간이 선을 행할 능력이 있다는 것을 전제한다. 그에 따르면 "인간은 태어나면서부터 하나님의 형상을 가지고 태어난다. 이는 인간의 본질은 선하다"는 것이다. 또한 그는 "새로 태어난다는 것은 하나님으로부터 나왔다는 것을 의미한다. 그러므로 인간은 본래부터 축복과 창조의 더럽혀지지 않은 선함을 지니고 있다"고 말한다. 즉 "인간은 하나님의 형상과 선함을 본래부터 마음속에 가지고 있다"며 인간을 긍정적으로 이해하며 인간의 능력에 대해서 확신하였다.

이것은 당시 아우구스티누스로 대표되는 로마의 인간 이해와는 다른 것이었다. 아우구스티누스에 의하면 인간은 죄를 짓는 속성이 원죄로 상속되고 있다. 인간 자신은 선을 행할 능력도 없고 자유의지로 선을 행할 의지도 없다. 타락한 인간은 자유의지로 항상 죄악만을 선택한다. 인간이 선을 선택하는 것은 하나님의 은총이 있을 때 가능하다. 인간 혼자서는 결코 선을 선택할 수 없다. 이것은 인간 본질에 대한 부정적인 이해이다.

인간에 대한 부정적인 이해에서 인간이 구원되기 위해서는 은총이 필요하고 인간에 대한 긍정적인 이해에서 구원은 하나님과 영적으로 교류하면서 선을 실천하는 행동이다. 즉 로마의 영성은 은총을 매개하는 교회와 성직을 중시했고, 켈트의 영성은 하나님과의 영적인 교류와 선의 실천을 강조했다. 그에 따라 로마의 영성은 교회와 성직자의 권위 아래서 신앙을 말했고 켈트의 영성은 하나님의 빛을 발하는 신앙적인 내용을 중심으로 설명했다.

신앙은 종교행사 참여보다는 그리스도의 삶을 따르는 것

이러한 관점을 펠라기우스는 이렇게 표현했다.

> "스스로를 그리스도인이라고 부르는 사람들이 있습니다. 그들은 늘 정규적으로 예배에 참석하지만 그들의 일상생활 가운데에서는 그리스도인의 도리를 행하지 않습니다. 스스로를 그리스도인이라고 부르지 않는 사람들이 있습니다. 그들은 결코 예배에 참석하지 않았습니다. 그러나 그들의 일상적인 삶 가운데 그리스도인으로서 많은 것을 행하였습니다. 이 두 부류 가운데 누가 더 나은 그리스도의 제자일까요? 어떤 이는 말할 것입니다. 그리스도를 믿고 그리스도를 예배하는 것이 구원을 위하여 가장 중요한 일일 것이라고 말입니다. 그러나 그것은 예수 자신이 말씀하신 것이 아닙니다. 그분의 가르침은 전적으로 행위와 관련되었고 또한 행동을 유발시키는 동기들과 관련된 것입니다… 예수는 그 자신의 이익을 위하여 사람들을 그의 제자가 되도록 초대하지 않았습니다. 오히려 선함의 길에서 그들을 이끌고 가르친 것입니다. 지상의 예수에 대하여 전혀 알지 못한 채 어떤 사람이 예수의 길을 따랐다면 우리는 그를 마음으로부터 그리스도의 정신을 따른 자라고 부를 수 있습니다."[35]

여기서 펠라기우스는 종교행사에 참여하는 것이 아니라 그리스도의 삶을 따르는 것이 더 중요하다고 본다.

인간의 악함은 인간의 본질이 아니라 잠시 악이 점령하고 있는 것

펠라기우스에게 인간에게 있는 악은 인간의 본질이나 속성이 아니라 점령군이다. 이 말은 인간이 근본적으로 악만을 행하는 것이 아니라, 잠시 악을 행하고 있다는 것이다. 인간의 마음 가운데에는 하나님이 비추어져 있으나, 다만 악에 사로잡혀 있는 것이다. 사람들은 그로부터의 해방을 동경한다.

> "구원이란 자유롭게 되는 것이며 본질적인 우리의 모습으로 해방되는 것으로 이해될 수 있다."[36]

펠라기우스에 따르면 하나님이 주신 하나님 형상의 선함은 인간에게서 상실되지 않는다. 그것은 "모든 사람들에게 심겨졌음"이다. 그는 "아우구스티누스가 인간의 사악함을 강조하는 것은 우리 대부분의 본질적인 것에 대한 확신을 상실케 하고 우리의 삶 가운데 선이나 악을 행하는 것을 선택하는 의지의 중요성을 가볍게 여기도록 한다며 염려하였다. 이것은 우리로 하여금 무엇이 옳은 것인가를 선택하고 행하게 하는 힘인 하나님의 은총의 중심성을 부인하는 것이 아니다. 오히려 우리의 본질적인 선한 본성이 선한 일을 택하고 그것을 행하게 하는 능력과 마찬가지로 모든 것이 은혜임을 주장하는 것이다."[37]

모든 피조물에는 하나님이 내재한다

켈트의 영성은 인간뿐만 아니라 모든 피조물 속에 하나님이 내재하신다고 말한다. 그래서 그는 말하길

> "짐승들이 숲에서 거니는 것을 보라. 하나님의 영이 그들 가운데 머무르네. 새들이 하늘을 가로지르는 것을 보라. 하나님의 영이 그들 가운데 머무르네. 새들이 하늘을 가로지르는 것을 보라. 하나님의 영이 그들 가운데 머무르네. 잔디에서 자그마한 벌레들이 기어다니는 것을 보라. 하나님의 영이 그들 안에 머무르네. 강과 바다에서 헤엄치는 물고기들을 보라. 하나님의 영이 그들 가운데 머무르네. 이 지구의 온 피조물에는 하나님이 함께 하시네… 하나님이 그의 창조가 좋았다고 말씀하셨을 때 그의 손은 모든 피조물들을 만드셨을 뿐 아니라 그의 숨이 모든 피조물에 생기를 불어 넣어 주신 것이다. 또한 숲에 있는 거대한 나무들을 보라. 들에 핀 들꽃들과 풀잎들을 보라…"[38]

그래서 창조의 영성은 자연 속에서 하나님을 느끼고 하나님의 말씀을 듣는다.

> "예를 들어 우리는 강물 소리나 빗물 소리를 듣거나 잔디에 누워 그 감촉을 느껴보거나 그 푸르름의 냄새를 맡아보고 그 빛나는 초록빛과 낙엽 사이로 넘실거리는 태양빛을 바라보던 기억을 갖고 있지 않은가? 이러한 경험의 순간들이 자연 안에서 일

종의 하나님과의 합일을 가장 심오한 차원에서 경험하는 것들을 재수집하는 것과 연결되어 있지 않은가?"[39]

여기서 펠라기우스는 자연 속에서 하나님을 보고 그 하나님과 합일한다는 것이다.

피조물 속에서 하나님을 인식

9세기 켈트 영성 철학자 존 스코투스 에리우게나(John Scotus Eriugena)는 자연 속에 하나님이 존재하고 그 자연을 통하여 은혜를 베푸신다고 말한다. 그가 지은 '태양'에 대한 기도를 보자. "위대한 하나님의 눈, 영광의 하나님의 눈, 만군의 왕의 눈, 살아있는 왕의 눈, 우리 위로 내리쬐네. 언제나 어느 계절이나 우리 위로 내리쬐네. 부드럽고 관대하게, 당신에게 영광이 그대 찬란한 태양이여, 당신에게 영광이, 그대 태양이여, 생명의 하나님의 얼굴이여."[40]

게다가 펠라기우스는 오늘 현대 생태 신학에서나 말하고 있는 윤리의 생태적인 확대를 언급하고 있다. 그는 이웃을 네 몸과 같이 사랑하라는 예수의 계명을 이웃에 있는 인간뿐만 아니라 우리 주변에 있는 모든 생명체, 즉 생태계로 확장한다. 그는 "우리의 사랑이 동물에 혹은 나무까지 향한 것이라면 우리는 하나님의 사랑의 충만함에 함께하는 것이다."[41] 그는 이웃 사랑을 인간사회의 영역에 한정하지 않는다. 그는 자연을 우리의 공동체로 인정하고 그들은 우리의 이웃이라고 본다. 그래서 우리는 그들도 사랑해야 한다.

자연을 사랑해야 하는 또 다른 논거는 바로 자연 속에 하나님이 내재하시고 자연의 번성과 자연의 아름다움에서 하나님이 나타나고 우리가 그 자연을 보면서 하나님을 느끼기 때문이다. 존 스코투스 에리우게나는 말하길, "요한은 피조된 모든 것을 통하여서 하나님의 말씀을 들었다"고 했으며 하나님의 말씀은 모든 생명의 한가운데 있고 그것으로부터 모든 것이 앞으로 나아간다고 보았다. 하나님이 말씀하시기를 중단하신다면 피조된 온 우주는 더 이상 존재할 수 없을 것이다. 떠오르는 아침 태양 가운데 하나님은 우리에게 은혜와 새로운 시초로서 말씀하시며 땅의 비옥함은 어둡고 잘 알려지지 않은 하나님의 장소로부터 생명이 얼마나 잘 움터오는가를 보여주는 표징인 것이다. 요한복음 서언에 대한 그의 설교들에서 에리우게나는 하나님이 만유 안에 계시며 삶의 본질이라는 것을 우리에게 말하여준다. 하나님은 무로부터 모든 것을 창조한 것이 아니라 하나님의 고유한 본질로부터 하나님의 참 생명으로부터 모든 것을 창조한 것이다. 모든 것 안에 비추이는 것이 바로 이 빛이다. '이 빛은 천사들의 빛이며 피조된 우주의 빛이고 참으로 모든 가시적인 것과 비가시적인 존재들의 빛' 이다. 에리우게나는 이 세계를 하나님의 현현, 곧 하나님의 가시적인 계시로 보게 된 것이다."[42]

그러나 이러한 켈트 영성은 모든 것에 하나님이 존재한다고 말하기 때문에 범신론이라고 비판되었다. 필립 요엘은 이러한 비판에 대해 하나님을 피조물과 혼동하는 것은 아니며 그것은 범신론적인 것은 아니라고 판단한다. 하나님과 피조물이 동일한 것이 아니라, 하나님이 피조물 속에 임재한다고 그는 주장한다.[43]

켈트 영성에 대한 평가

켈트 영성은 인간에 대해 긍정적으로 이해하고 인간이 도덕적으로 선을 행해야 할 것을 강조한다. 이를 위해 인간이 도덕적으로 선을 행할 수 있는 능력이 있다고 본다. 인간의 그 능력을 부정하면 결국 세상의 도덕적 발전을 포기해야 하고 포기하지 않더라도 상당히 후퇴되어야 하기 때문이다. 그리스도교가 있는 한 사회는 도덕적으로 분명히 발전되어야 한다. 그런 점에서 의미가 있다고 봐야 할 것이다.

또한 켈트 영성이 피조물 속에 하나님이 내재하고 그 속에서 하나님을 인식할 수 있다고 주장하는 점에서 이 영성은 자연을 물질로만 보고 인간이 마음대로 사용해도 된다고 봤던 사고를 넘어서서 자연의 가치를 고양시켰다고 할 수 있다. 이것은 생태 위기의 시대에 우리가 다시 관심을 가져야 할 영성이라고 할 수 있다. 게다가 이 영성은 우리가 관심가져야 하는 세계를 인간사회에서 생태계로 확장시킨다. 도덕적 영역을 인간사회에서 생태계의 영역으로 확장하여 자연에 대한 의무와 자연의 생존 권리를 논하는 최근의 흐름의 고전적 형태를 우리는 여기서 볼 수 있다.

켈트의 영성은 그리스도의 구원 사건을 중심으로 신앙을 설명하는 방식에서 벗어난다. 그리스도의 구원 영성은 하나님은 그리스도로 자신을 계시하고, 그러므로 하나님은 그리스도이고, 우리가 하나님을 보는 것은 그리스도를 봄으로써 가능하며, 그리스도가 인간을 죄로부터 구원한 것같이 구원은 인간의 구원, 인간을 죄로부터의 구원, 인간사회의 구원으로, 인간 중심적으로 해석하게 했다. 그러나 켈트의 영성은 창조때부터 하나님이 피조물에 내재하여 피조물 속에 존재하고, 우리는 그 피조물을 보면서 하나님을 알게 되고, 피조물 속에서 하나님은 피조물을 계속적으로 창조하고 발전시킨다는 창조의 영성을 기억하게 한다. 이 창조의 영성은 오늘날 대표적으로는 메튜 폭스(M. Fox)가 계승하고 있다.

그러나 우리가 평가해야 할 것은 이 켈트의 영성이 우리 피조물의 삶과 하나님의 관계를 잘 구성해주지만, 이것만으로는 부족하다. 왜냐하면 창조의 영성에서 구원자이신 그리스도의 자리는 너무 부족하기 때문이다. 그리하여 우리는 창조의 영성과 그리스도의 영성을 결합해서 영성을 이해해야 할 것이다.

더구나 우리의 경전인 성서를 중심으로 파악하지 않는 것은 그리스도교적 방법보다는 일반적인 종교성 속에서 영성을 말하는 것으로 평가될 수 있기 때문에 그리스도교적 특성을 잃어버리게 될 것이다. 그런 점에서 한계가 있다고 평가할 수 있다.

4. 부흥운동의 영성

그리스도교가 공인된 후 수도원의 청빈의 영성이 형성되고, 다른 한편에서 자연 영성적인 켈트 영성이 발전되었다. 그러한 영성이 중세까지 발전되어 오다가, 종교개혁을 통해 새로운 개신교의 십자가 영성이 형성되었다. 종교개혁 이후 개혁파 신학(루터와 캘빈의 신학)은 정통주의 신학과 경건주의 신학으로 대별된다. 경건주의 신학은 대각성 운동의 신학으로 발전하고 나중에 오순절 신학의 기초가 된다. 한국에 서양 선교사들이 와서 선교할 때 오순절 신학도 함께 들어왔다. 이러한 오순절 영성의 영향 아래서 한국적인 독특한 영성이 형성되었다. 이 영성은 오순절 영성 전통이 한국화한 것이라고 할 수 있다. 이것은 1907년 평양 대부흥운동을 통해 나타났고, 오늘날에 이르기까지 부흥회 혹은 부흥운동, 성령운동의 형태로 발전했다.

암울한 시기에 평양 대부흥운동이 일어나다

한국적 영성은 한국의 역사적 상황 속에서 발생했다. 그리스도교의 복음이 한국에 전래된 19세기 말 한국은 그야말로 역사의 대변혁기였다. 조선은 안으로 봉건사회제도를 개혁하고 밖으로는 외세의 제국주의의 침략을 막고 자주 국가를 확립해야 할 역사적인 계기를 맞았다.[44] 을미사변이 지난 10년 후인 1905년 미국은 일본과 "카츠라-태프트 메모"라는 비밀협정을 맺고, 이에 따라 그 해 11월 "을사보호조약"이라는 치욕적인 늑약을 강압적으로 체결시켰다. 1907년 정미년에 일제는 "정미7조약"을 역시 강압적으로 체결시켜 한국의 경찰과 군대를 해산하면서 사실상 국권을 장악하였다. 군대의 해산은 의병 봉기, 동학농민혁명으로 이어졌고 계속되는 흉년과 기근, 역병과 탐관오리들의 가렴주구로 백성들의 삶은 극도로 황폐해갔다.[45] 바로 이러한 시기에 1907년 평양의 대부흥운동이 일어났다.

대부흥운동을 최초로 점화한 하디 선교사

그 시대에 최초로 평양 교회 부흥운동을 점화한 사람은 하디(Robert A. Hardie, 1895~1949)이다. 그는 조선에서의 선교 활동을 위한 선교비 지원을 약속받고 부인 마가렛(Margaret Kelly)과 함께 1890년에 내한했다. 그리고 그는 8년 후인 1898년에 남감리교회에 가담하여 강원도에서 선교 활동을 하고 있었다.[46] 그는 먼저 작은 성경 공부와 기도회를 열었다. 그는 교재를 준비하다가 오히려 "자신이 참으로 하나님께 회개하고 선교사로서의 자격을 갖고 있는가"라고 심각하게 고민을 하기도 했다.

하디는 통절하게 자기의 죄를 하나님께 자복하고, 사죄의 확신을 얻은 후에 동료 선교사들 앞에서 스스로의 죄를 고백하고 자신의 실패를 모두 털어놓았다. 그 때 그곳에 모였던 모든 그리스도인들이 하디의 적나라한 죄의 고백과 성령의 충만한 은사를 체험하는 것을 목도하고, 그들도 성령의 은사를 체험하게 되었다. 이를 계기로 부흥의 불길이 서서히 형성되기 시작하였다. 그는 부흥 강사로서 이곳저곳에서 부흥회를 개최했고, 참여한 신도들은 자기의 죄를 회개하고 성령의 은사를 체험했다. 부흥회에 참석한 사람들은 신분과 출신지, 나이와 환경은 달랐지만, 성령을 공통적으로 체험했다. 체험 후에 그들은 첫째 자신이 죄인임을 깨닫고, 둘째 자기 죄를 공개적으로 시인(자복)하였고, 셋째 자복 후엔 평안과 기쁨을 누렸고, 넷째 회개 후엔 변화된 삶을 보여주었다. 회개와 거듭남의 체험이 일어난 것이다.[47] 그 결과 어떤 이는 자기가 과거에 횡령하거나 훔쳤던 물건을 되돌려주기도 했다. 이 부흥운동은 단순히 심령의 회개로 그친 것이 아니라, 삶의 회개로 이어졌다.

대부흥운동의 중심, 길선주 목사

평양 대부흥운동을 점화한 사람이 하디 선교사라면, 그 운동의 중심에는 길선주 목사가 있었다고 볼 수 있다.[48] 그는 1906년 어느 날 평양 장대현교회에서 친구인 박치록 장로와 더불어 교회에 나가 새벽 기도를 하기 시작했다. 그가 새벽이면 예배당에 나가 기도한다는 소문이 퍼지면서, 그리스도인들 중에도 새벽에 예배당에 나가 기도하는 사람들이 점점 늘어났다. 그들은 매일 새벽에 모여 기도했다. 세계에 유례가 없는 한국 교회의 새벽 기도회가 바로 이때 시작되었다.[49]

1906년 늦여름에 시작된 기도회는 가을까지 계속 이어졌고 11월에 시작되는 연합 사경회로 연결되었다. 예정된 2개월 과정의 사경회가 끝났음에도 불구하고 모인 신도들은 흩어지지 않고 계속 사경회를 열였다. 그리스도인들은 사경회를 통해 '성령의 임하심' 을 계속적으로 경험하고 싶어했다. 연장하면서까지 열리던 사경회가 두 번째주를 맞이할 쯤 기다렸던 사건이 일어났다. 월요일 저녁 집회는 성령의 임하심 속에서 다음날 아침 10시까지 이어졌다. 이렇게 집회가 가능했던 것은 사람들이 성령의 임하심 속에서 놀라운 경험을 했기 때문이다. 이것은 한국 그리스도교사에 획기적인 사건으로 기록된 "평양 대부흥운동"의 한 장면이다. 봄이 되면서 평양에서 '폭발한' 부흥운동의 열기가 전국으로 점점 확산되었다.[50]

이러한 부흥회의 특성은 많은 그리스도인들이 자신들의 죄를 공개적으로 고백했다는 데 있다.[51] 그리스도인들은 성령의 임하심을 체험하고서는 공개적으로 자신의 죄를 고백했다. 이 광경이 일어나면서 심지어 경찰관들은 몰래 부흥회에 참여해서 자복하는 그리스도인들의 신상을 파악해 두었다가 집회가 끝나고 범인으로 그들을 검거하기도 했다.

죄를 공개적으로 고백한 그리스도인들

'죄 고백' 은 평양 대부흥운동의 가장 두드러진 특징인데, 이는 인간 자신이 행한 것이라고 할 수는 없다. 성령의 하나님이 그렇게 인도한 것이다. 그리고 그들은 죄가 사해졌다는 사죄의 기쁨을 누렸다. 성령의 인도에 의하여 사죄를 받았지만 사죄를 받은 이후에는 더욱 성령의 충만함 속에 거했다.[52] 당시 선교사들은 이와 같은 한국 교회의 놀라운 변화가 하나님께서 하신 하나님의 기적 가운데 하나라고 생각하였다.[53]

이 부흥운동이 일어나면서 악령의 세력들이 무너지고 우상이 타파되기 시작했다. 그 당시 사람들은 자연과 조상을 숭배를 하는 샤머니즘을 굳게 믿고 있었다. 특히 조상 숭배는 단순히 존경의 예식을 넘어서 조상들에 대한 숭배 의식으로 행해졌다. 후손들을 조상들이 귀신이되어서도 자신들의 삶에 영향을 미치고 복을 가져다준다고 믿고 그들을 숭배했다. 평양 대부흥운동은 이러한 원시적인 자연숭배와 우리의 전통적인 조상숭배로부터 해방되는 메시지가 선포되고, 사람들은 과감하게 결단을 내렸다.[54]

성경 공부 모임의 성격을 지닌 대부흥운동

평양 대부흥운동에서 중요한 것은 그것이 '성경을 공부하는 모임' 이었다는 것이다. 독일 경건주의도 사실은 프랑크푸르트 교회에서 슈페너(Spener)라는 목사가 주일 예배 후에 오후에 성경 공부 모임을 개최했는데, 거기서 그리스도인들이 성경 공부를 하면서 기도에 몰두했고 성령을 체험했다. 그것이 열정이 되어 경건주의는 전 세계적으로 개신교를 선교하게 되었다.

평양 대부흥운동은 사경회 방식으로 진행되었다. 사경회란 신자들에게 성경을 가르치고 교회 생활을 지도하며, 전도 집회를 갖게 함으로써 신앙 훈련을 쌓게 하는 행사였다. 사경회는 일반적으로 오전의 성경 공부, 정오의 기도회, 오후의 각종 회의 및 당면 문제에 대한 토론회, 저녁의 부흥 전도회 및 대중 강연회로 진행되었다,[55] 정오의 기도회에서 사람들은 열심히 기도했으나 이 사경회 방식은 성경 공부로서 이지적 측면이 강했다고 볼 수 있다. 이 때에 상대적으로 찬송을 열심히 불렀다는 기록은 상당히 적다. 다만 장대현 교회의 남자 사경회에서는 길선주 장로의 인도로 "성령이 오셨네 성령이 오셨네"라는 찬송이 반복하여 불렀다는 기록이 있을 뿐이다.[56] 이런 면에서 볼 때, 1907년 대부흥운동은 감정에 호소하는 운동이었다기보다, 사경회라는 성경 공부로서의 이지적 운동의 측면이 강했다고 보는 것이 타당하다.

대부흥운동이 개인과 민족에 끼친 영향

부흥회를 통해 그리스도인들은 암울한 상황에서 희망을 발견하기 시작했다. 당시 을사보호조약과 한일합방으로 이어지는 민족적 상황은 우리 민족에게 종말적 상황으로 경험되었을 것이다. 이때 일어난 대부흥운동은 우리 민족에게 새로운 희망을 안겨 준 것이다. 따라서 대부흥운동의 동기를 개인적인 면에서 찾는 것도 중요하지만, 민족적 차원에서 본다면 우리 민족을 불쌍히 여겼던 하나님의 섭리라고 고백할 수 있을 것이다.

이 부흥운동을 통해 교회는 양적으로 대단히 성장했다. 한국교회는 대부흥운동의 결과로 팽창이 가속화되었다. 1907년 대부흥운동은 이전에 있었던 한국교회의 다른 부흥운동과 다르게, 그 범위에 있어 전국적이었다. 1903년에서 1907년 사이 그리스도인이 3배로 증가하여 75,000명 정도의 교세로 발전하였다.[57] 1907년 한 해 동안 평양의 부흥운동 기간 중 그리스도교로 개종한 사람의 수가 3,000명이 넘었다.[58] 이에 따라 장로교회는 약34%가, 그리고 감리교회는 무려 118% 증가라는 놀라운 결과를 가져왔다.[59]

대부흥운동은 그리스도인의 개인적인 변화와 함께 지속적인 제자 훈련(디다케)으로 발전되었다. 1907년 대부흥운동은 신앙의 윤리화를 강조했다. 그것은 미국 교회의 청교도적인 전통을 이어받아, 도덕적 순수성을 강조하는 경향을 나타냈다. 대부흥운동 당시 그리스도교인들은 도박, 방탕함, 술 취함, 흡연 등에 대해 도덕적으로 비판적인 자세를 가졌다. 당시 사람들이 그리스도교로 회심할 때 그들의 삶의 스타일과 습관, 관습도 변화되었다. 깊이 뿌리내린

'죄의식' 에 회개를 불러 일으켰고 진실한 회개는 변화된 행동으로 입증되었다.[60] 이를 통해 그리스도인들은 그리스도인이 된다는 것이 무엇을 의미하는지 깨닫게 되었고, 의식의 변화가 삶의 변화로 이어져 그들을 믿지 않는 세상의 여타 사람들과 구별될 수 있게 하였다.

부흥운동은 또한 사회발전에도 공헌하였다. 1907년 당시 선교사들은 민족적, 애국적인 단체와 관계된 교직자들을 성직에서 해임시키고, 교회 내에서의 정치활동을 금했다. 그럼에도 불구하고, 백성들은 교회에서 또 다른 희망의 가능성을 찾았다. 성경 속에 나타난 억압당하는 백성들에 대한 해방과 구원의 메시지는 우리 민족에게 한줄기 빛이 되었다. 민족운동을 하는 지식층에게 교회는 중요한 활동의 무대가 되기도 하였다.

평양 대부흥운동을 통하여 사람들의 사회적 삶이 전환되기 시작했다. 삶의 전환의 일환으로 나타난 구체적인 현상은 전통문화의 변혁으로 나타났다. 이는 기존의 사회 신분제도가 붕괴되고, 사람에 대한 차별 문화가 서서히 도태되었다.

이는 남존여비의 사상으로 짓눌려 있던 여성들의 인권이 신장되면서 차별 전통이 깨어지고, 여성이 남성과 같은 위치에 서는 일이 시작되었다.[61] 예배당 안에는 남여 좌석이 구별되어 있었으나, 부흥운동 전후로 남여 좌석 사이의 휘장이 걷혔고, 여자들도 교회에서 직분을 받아 봉사하기 시작하였다. 각지에 교회는 여학교를 설립했고 남자 아이들과 같이 여자 아이들에게도 평등하게 교육의 기회가 주어졌다.[62] 부흥운동은 개인의 참회뿐만 아니라 사회의 오랜 악습인 인권 말살의 사각지대에 놓여 있던 이들에 대한 휴머니즘적, 성경적 가치관을 일깨운 것이다.

평양 대부흥운동은 사람들의 삶에 작용하여 인권 침해를 개선시켰을 뿐만 아니라 애국운동으로도 발전한다. 한국교회는 부흥운동 전후로 많은 애국적 행동에 앞장섰다.[63] 참된 그리스도교인으로 자기의 죄악을 철저히 회개한 그리스도인은 악을 보고 지나치지 않는다. 1905년 을사조약이 강제로 선포된 때, 부흥운동의 기수였던 길선주가 장로회 공의회에서 국가를 위한 기도회를 가질 것을 제안하여 일주일간 기도회를 가졌다. 그리스도교 신자였던 장인환 의사가 샌프란시스코에서 일본 제국주의의 앞잡이 스티븐슨(D. W. Stevenson)을 격살한 사건(1908)이나, 역시 그리스도교인이었던 이재명 의사가 매국노 이완용을 습격한 사건(1909)은 그리스도교인들의 애국정신을 잘 보여주고 있다. 안중근 의사가 이토 히로부미를 격살한 후 언급한 것을 보면, "죄악을 보고서 그대로 방치하는 것은 죄악"이라는 그리스도교적 관점이 반영되어 있다.[64]

또한 일본에 진 빚을 갚자는 국채보상운동(1907), 전국의 여성들이 반지를 빼어 국채를 갚자는 국채상환운동(1907), 국산품을 애용하자는 운동은 부흥운동 기간에 전개되었다. 후에 이루어진 물산장려운동도 3.1 독립운동에서 구체적으로 나라사랑 정신을 표출했던 교회와 교인들이 주도한 애국운동이었다. 구체적으로 살펴보면 1912년 일제가 날조하여 그리스도교를 탄압한 "105인 사건"에서 700명의 체포자 중 그리스도교인이 600명이었고, 투옥된 123명 중 그리스도교인이 98명이었다.[65]

부흥운동이 일어난 지 10여 년이 지난 후 일어난 거족적 독립운동인 3.1 기미독립운동에서 교회와 교인들이 행한 일은 부흥운동의 영향으로 나타난 애국적 면모를 여실히 보여주고 있다. 독립선언서에 서명한 33명 중 16명의 그리스도교인이었는데 그 중 목사가 13명이었고, 평신도가 3명이었다. 1907년 부흥운동의 기수였던 길선주가 그리스도교 대표로 33인 서명자 중 두 번째로 서명하였다. 체포된 시위 주동자 및 참가자를 각 종교별로 보면 불교인이 220명, 유교인이 345명인데 반해 그리스도교인은 5천명이 넘고 있다.[66] 3.1운동이 끝난 후 중국 상해에서 구성된 대한민국 임시정부 요인 8명 중 7명이 그리스도교 신자였다. 이것은 부흥운동에서 성령을 받은 사람들이 애국운동의 대열에서 결코 방관만 하지 않았다는 사실을 입증한다.

따라서 평양 대부흥운동을 거치면서 형성된 한국 그리스도인의 영성은 사회적이고 민족적인 성격을 담고 있었다. 그러나 우리가 좀더 비판적으로 바라본다면 그 당시에 형성된 민족적 차원의 영성은 그리 큰 것은 아니었다. 강제적인 한일합방 이후 울분에 싸여있는 개인들이 신앙적인 영성적 차원을 만나 자기의 마음을 추스르는 차원이었지 그것은 강력한 민족적 해방의 에너지로 모였다고 보기는 어렵다. 그리하여 평양 대부흥운동이 민족적 고통을 출발점으로 했으나 새로운 민족공동체 혹은 민족해방에는 크게 기여하지 못했으며 점차 일본에 동화되어 가는 분위기로 변화면서 급기야 한국교회는 신사참배를 하기에 이른다.

그 당시의 시대적 상황이 얼마나 암울했는가는 역사가 증언하고 있다. 국권은 빼앗기고 1910년의 파국을 향해 달려가던 시기이다. 따라서 대부흥운동은 민족의 운명과 연대하는 영성운동이 되었어야 했다. 대부흥운동에서 회개도 있었고 영적 각성도 있었고, 성경을 공부하려는 열정도 있었다. 하나님에 대한 충성도 있었다. 그러나 1907년의 대부흥운동의 열기는 개인적 회개운동으로 족했으며 나라와 민족에 대한 '민족적 영성'은 크게 부족했다고 볼 수 있다.

대부흥운동의 영성에 대한 평가

평양 대부흥운동은 회개운동으로부터 시작해서 암울한 시기에 자신을 돌아보고 하나님 안에서 희망을 발견한 운동이다. 이 운동의 내면에는 성령의 임하심을 경험함으로써 가슴으로 느끼는 하나님, 가슴으로 느끼는 복음을 현실화했다고 볼 수 있다. 그러므로 그것은 내면을 변화시키는 운동이었다. 그 방법으로는 성경 공부를 통해 하나님의 성령의 능력을 깨닫고 기도를 통해 성령의 임하심을 경험하는 것이었다.

그러나 이 영성은 성령의 임하심을 체험하게 하기는 했지만 그리스도를 따르는 삶으로 그리스도인들을 이끌지는 못했다. 주로 성령의 능력이 강조되었다. 그리하여 그리스도교이지만 그리스도의 삶보다는 사람들은 성령의 능력을 추구했고 그리하여 도덕적으로 깨끗해지는 운동으로 발전하지는 못했다.

오늘날에도 교회들은 이러한 영성을 부흥회를 통해 체험하게 하는데 그리스도인이라고 해서 도덕적으로 더 깨끗하다거나 도덕적인 선도 세력이라고 할 수 없는 것 같다. 한국에서 각 구별 통계를 보면 그리스도인의 점유율이 50%를 넘는 서울의 강남구와 서초구는 성령의 능력에 힘입어서 적극적인 삶을 살았지만 그들이 도덕적인 선도 세력이라고는 평가될 수 없을 것 같다. 성령의 능력에 힘입어 적극적으로 삶을 살아온 덕분으로 많은 성과들을 냈지만 도덕적인 면에서는 비그리스도인들과 크게 다르지 않다고 생각된다. 이러한 영성은 성공 혹은 성장을 위한 영성이지 사람들의 삶의 가치를 좌우하는 영성이라고는 할 수 없다.

3. 이중표 목사의 별세 영성

1. 그리스도교가 추구해야 할 영성은 그리스도의 영성

우리는 앞에서 청빈의 영성, 십자가의 영성, 켈트의 영성, 부흥운동의 영성 등을 살펴봤다. 각각의 영성은 장점을 가지고 있으나 그리스도교적인 영성 전체를 포괄적으로 표현하지는 못한다.

청빈의 영성은 육체를 쳐서 고행을 자처하는 영성으로서, 복음의 행복, 기쁨에 대한 표현이 약하며 십자가의 영성은 그리스도의 영성에 기초하나 그리스도의 십자가 죽음을 통해 하나님의 사랑을 강조할 뿐 그리스도를 따르는 삶에 대해서는 부족하다. 게다가 그리스도의 십자가에 충실한 영성이지, 그리스도의 부활의 기쁨과 영광은 상당히 미약하게 다루고 있다.

켈트의 영성은 성령을 통한 하나님의 내재를 근거로 피조물 속에 내재한 영성을 추구함으로써 인식의 지평을 넓혔으나 그리스도가 등한시되고 있다. 부흥회의 영성 또한 성령의 임재에 대한 체험과 성령을 통한 능력을 강조함으로써 그리스도의 삶과 그리스도를 따름이 약화되어 있고 인격적인 성령의 모습과 능력을 나타내는 성령을 통합적으로 보지 못하고 주로 성령을 능력으로만 봄으로써 잘못된 성령관을 가지고 있다고 봐야 할 것이다.

그리스도교는 그리스도를 통해서 하나님을 보는 것이고 그리스도를 따르는 종교이다. 그래서 우리는 자신을 '그리스도인' 이라고 하는데 이는 그리스도의 가르침과 삶을 따르는 존재를 칭하는 것이다. 만약 그리스도를 따르지 않는다면 그리스도인이라 할 수 없을 것이다.

그리스도는 우리에게 오신 하나님이시지만 우리에게 삶의 모범을 보여주신 분이다. 그는 철저히 하나님이시면서 철저히 인간이시다. 그를 우리가 인간으로 보는 점에서는 우리의 삶의 모범이다. 그가 우리의 스승이라면 우리는 그의 가르침뿐 아니라 그의 삶을 따라야 하는 것이다. 그리하여 그는 제자를 부르고 자신을 따르라고 말했으며 승천 이후에 모든 족속을 제자로 삼아 그의 삶을 실제적인 삶으로 전파하라고 하셨다.

그런 점에서 우리가 따라야 할 영성으로서 우리는, 그리스도의 영성을 살펴봐야 한다. 그리스도의 영성에 대해서는 사람마다 여러 형태로 말할 것이다. 필자는 그리스도의 영성의 핵심은 십자가 고난과 부활의 영성이라고 본다. 필자는 이러한 그리스도의 영성의 핵심을 잘 포착하여 자신의 영성 목회관을 정립한 이중표 목사의 영성 이해가 바로 그러한 그리스도의 영성이라고 본다.

2. 별세의 개념

이중표 목사는 그리스도의 영성을 별세라는 말을 통해 표현한다. 그는 자신의 신학을 '별세 신학', 즉 별세 신학에 기초한 자신의 목회를 '별세 목회' 라고 한다. 그는 또한 자신의 영성을 '별세의 영성' 이라고 한다. 여기서는 우리는 그 별세 영성의 신학적 기초를 살펴보자.

'별세' 라는 한국어

이중표 목사는 어느 날 성서를 읽다가 누가복음 9:28-31에서 '별세(別世)' 라는 말을 발견한다. 그는 이 용어가 그리스도의 죽음과 부활을 가장 완전하게 표현했다고 생각했다. 역사적으로 '십자가의 신학' 과 '부활의 신학' 이 존재했다. 십자가의 신학은 고난을 강조하고 부활의 신학은 고난보다는 축복을 강조했다. 이중표 목사는 이 두 가지를 결합할 수 있는 개념으로 '별세' 를 발견한 것이다. 이 두 경향을 포함한 개념이야말로 가장 그리스도를 잘 표현했다고 그는 본 것이다. 그에 따르면 "복음은 예수 그리스도가 죽고 부활하신 사건을 통해 얻은 복된 소식"이다. 이 두 경향을 다 포괄한 것이 복음이고 그런 의미에서 '별세' 개념은 복음을 가장 잘 표현한다는 것이다.

이중표 목사는 별세라는 말이 복음의 핵심을 담고 있으면서도 예수의 십자가와 부활을 포괄한다는 것을 다음과 같은 별세 개념을 통해 설명한다. 그에 따르면 한국어에서 별세(別世)는 첫째로 '떠날 별(別)', '세상 세(世)' 를 나타낸다. 그 뜻은 '세상을 떠남' 을 의미한다. 이것은 육체적 죽음으로 세상을 떠나는 것, 곧 죽음을 가리킨다. 둘째로 별세는 '다를 별', '세상 세' 로 읽을 수 있다. 이것은 '다른 세상', '특별한 세상'을 의미한다. 다시 말하면 별세는 지금 살고 있는 세상과는 다른 세상, '유토피아의 세계', '별천지', '천국'을 의미한다. 셋째로 별세는 '바꿀 별', '세상 세'로 읽을 수 있다는 것이다. 그리하여 '세상을 바꿈', '세상을 다르게 한다' 등 이렇게 다양한 뜻을 지니고 있다. 이 세 가지의 한국어적 다양한 해석을 통해 이중표 목사는 별세라는 말이 '이 세상을 떠남', '새로운 세상을 삶', '세상을 살림'의 의미를 지닌 개념으로 정리하고 있다.[67]

그가 별세라고 하는 말 속에는 철저한 자기 죽음을 포함하고 있다. 그러나 동시에 그 말 속에는 이상향, 행복이 넘치는 세계로 간다는 의미를 가지고 있다는 것이다. 그리하여 이중표 목사는 별세라는 말이 죽어서 행복이 넘치는 세계로의 이전을 표현한다고 본다. 여기서 죽음을 육체적 죽음이 아니라 살아서 새로운 존재로 중생한다는 의미로 본다면, 살아서 한 순간에 동시에 이루어지는 사건이 별세이다. 이중표 목사에 의하면 우리 조상들에 의하여 형성된 별세라는 말의 어원은 이렇게 여러 차원을 동시에 포괄하고 있다.

별세라는 말은 종교적인 의미도 가지고 있다고 이중표 목사는 말한다. 죽음이라는 말은 결국 종교적 의미를 담고 있다. 이다. 그에 따르면 종교적인 의미에서 사용된 별세는 이상적인 세계로서 죽음 이후의 세계이다. 그것은 전통적인 개념으로 '천당'을 의미한다. 다시 말하면 별세, 곧 죽음 이후의 천당은 현세보다 더 좋은 세계, 완전한 세계이다.

그런데 사실 사람들은 별세를 싫어한다. 동서고금을 막론하고 모든 사람, 종교인들도 별세를 싫어한다. 사람들은 죽음에 대한 두려움이 있기 때문이다. 그래서 그리스도인들도 죽음 이후의 세계는 약속일뿐이지 현실적으로 받아들이기 어렵다.

여기서 이중표 목사는 육체적 죽음 이후의 천당을 말하지 않고 오늘 세상에 두 발을 딛고 살면서 천국을 누리는 별세를 주장한다. 이 세상에서 살면서 별세하여 새 세계, 행복한 세계를 살 수 있다는 것이다. 예수 그리스도가 행한 하나님의 나라도 그와 같다. 그것은 죽음 이후의 나라가 아니라 하나님의 통치와 능력 아래서 병자가 치유되고 갇힌 자가 해방되고 배고픈 자가 먹는 세상이다. 예수 그리스도는 그러한 하나님의 나라를 전했고 그 나라를 이루기 위해 사역하고 기적을 행했으며 설교했다. 그리하여 이중표 목사는 전통적인 별세를 그리스도교적으로 이해하여 오늘 우리 삶에서의 죽음이 아닌 삶으로의 별세로 끌어오고 있다.[68]

'별세' 라는 헬라어

한국어의 별세라는 말은 헬라어와도 상통한다. 이중표 목사가 근거로 삼는 누가복음 9장 31절의 말씀 "영광 중에 나타나서 장차 예수께서 예루살렘에서 별세하실 것을 말씀할새"에서 별세라는 말은 헬라어 성서에서는 '엑소더스' (exodus)라는 말이다. 이 엑소더스가 바로 별세이고 이것의 의미는 한국어와 거의 유사하다고 할 수 있다.

성서에서 쓰인 엑소더스란 사전적으로는 '출구', '진보', '나아감', '종말', '죽음' 을 의미한다. 이것은 별세라는 말의 한국어적 의미의 구도에서 첫 번째인 죽음을 의미한다. 이 용어는 또한 70인역 구약성서에서는 두 번째 책인 출애굽기를 의미하는 '브엘레 쉬모트' 를 헬라어로 번역할 때 사용된 용어이다. 구약성서에서 출애굽(엑서더스)은 노예생활로부터 새 세계로 떠나는 희망의 사건을 의미한다고 이중표 목사는 말한다. 그런 의미에서 이 말은 별세라는 한국어의 의미의 두 번째 구도인 '새 삶' 을 의미한다고 본다. 그리고 이스라엘 백성들은 출애굽하여 가나안에 정착하여 하나의 공동체를 이루고 산다. 그런데 이 공동체는 살림의 공동체였다. 가난한 사람을 살리는 약자보호법이, 자연, 동물, 인간을 살리는 안식년 법이 제정된다. 그리하여 결국 엑소더스는 살림의 공동체를 지향했다. 이런 의미에서 별세의 의미인 희랍어 엑소더스는 '떠남', '새 삶', '살림' 의 세 구도를 표현한다고 본다.[69)]

이중표 목사는 그가 말하는 '별세' 가 죽음 후에 오는 '저 세상' 은 아니라고 말한다. 그것은 오히려 다드(C. H. Dodd)의 '실현된 종말론' 을 평이한 설교 문체로 표현한 것 같은 느낌을 준다. 다드는 "예수와 함께 천국은 본질적으로 이미 왔다. 예수의 선교, 교훈, 죽음, 부활은 그 자체가 곧 천국의 내림(來臨)의 구성 본질이다"라고 말한다.[71)]

3. 예수 그리스도의 별세적 삶

이중표 목사는 별세의 삶을 예수 그리스도에게서 배웠다고 진술한다(마태복음 11장 29절). 예수 그리스도는 세상에 오셔서 십자가에서 죽으셨다. 현대 사회에서 인간이 죽음을 수용하기란 쉽지 않다. 인간들은 생명체로서 살기 위해 의술을 발전시켜왔다. 예수도 인간으로 태어났기 때문에 죽음을 원하지 않았고 죽음에 대한 두려움을 가지고 있었다. 그래서 예수는 "내 아버지여, 만일 할 만 하시거든 이 잔을 내게서 지나가게 하옵소서. 그러나 나의 원대로 마옵시고 아버지의 원대로 하옵소서"(마태복음 26:39)라고 하였다.

그러나 예수는 인간의 대속을 위해 오셨다. 그는 하나님의 뜻에 순종하여 죽음의 길로 나아가면서 죽기가 얼마나 고통스러운지, "나의 하나님, 나의 하나님. 어찌하여 나를 버리시나이까?"라고 절규한다. 예수가 인간이기에 실존적인 고통 앞에서 절규한 것이다.

그럼에도 불구하고 그는 당당하게 죽음을 받아들인다. 이 죽음은 소망 없이 완전히 죽는 죽음이 아니었기에 예수는 부활을 기대하면서 죽음 너머에 있는 부활의 희망 속에서 오늘은 고통스럽지만 죽음을 선택했다. 그리하여 예수는 세상에서 육체적으로 죽어 세상을 떠났고 이러한 예수의 죽음을 이중표 목사는 별세의 구도에서 해석한다.[72)]

예수 그리스도는 죽음을 통해 새로운 삶을 이루신다. 이중표 목사는 예수 그리스도의 새 삶을 별세의 두 번째 구도에서 설명한다. 그리스도는 죽음으로 종말을 맞이하지 않고 새롭게 탄생한다. 하나님은 그를 부활시키셨다. 그리하여 십자가의 죽음은 절망의 과정이 아니라 하나님의 능력이 나타나는 희망의 과정인 것이다. 사실 부활은 하나님의 약속이었고 하나님이 그 약속을 지키셨기에, 예수는 새로운 삶을 살게 되는데 그것이 바로 영생이다. 이러한 과정을 통해 예수는 죽음을 극복한 것이었다. 사람들은 죽음 앞에 서면 인생무상의 감정에 사로잡히고 두려워한다. 왜냐하면 죽음이 끝이라고

생각하기 때문이다. 그러나 예수는 죽음이 끝이 아니기에 죽음으로써 죽음을 극복하였다.[73]

예수 그리스도는 죽으시고 부활하여 자신만 살린 것이 아니라 다른 사람을 살리는 본을 삼으셨다. 그래서 사도 바울은 이를 표현하여 "그리스도 예수 안에 있는 구속으로 말미암아 하나님의 은혜로 값없이 의롭다 하심을 얻은 자 되었느니라"(로마서 3:24)라고 고백한다. 이중표 목사는 이러한 바울의 증언을 토대로 예수 그리스도의 죽음은 자신을 살리는 것일 뿐 아니라 다른 사람을 살리는 별세의 사건으로 묘사한다.

예수는 대속의 죽음을 죽으시고 살아나서는 제자들에게 이렇게 명령한다. "너희는 가서 모든 족속을 제자로 삼아 아버지와 아들과 성령의 이름으로 세례를 주고 내가 너희에게 분부한 모든 것을 가르쳐 지키게 하라"(마태복음 28:19-20). 이에 따라서 제자들은 그 명령을 따라 사람들을 제자 삼았으며 그 활동은 사람을 살리는 복음의 사건이었다. 이렇듯 이중표 목사는 예수 그리스도의 사역을 죽음–새 삶–살림의 구도에서 이해하면서 별세의 세 구도가 복음의 핵심적인 내용을 잘 표현했다고 보았다.

4. 별세의 신앙

일반적으로 복음적 교회는 인간의 진정한 행복은 미래에 죽은 뒤 내세에 있다고 가르친다. 반면에 진보적인 교회는 이 세상을 개혁하고 행복한 세상을 만들자고 사회 복음을 강조해왔다. 이 양자는 모두

현세를 고난으로 인식하고 고난의 삶을 살지 않으면 안 된다는 점에서 공통된다. 장신대 오성춘 교수는 별세 신앙이 이 양극단에 대한 극복이요, 대안이라고 주장한다. 그는 별세 신앙은 예수 그리스도와 함께 죽는 십자가의 별세를 강조하면서도 십자가의 별세의 문을 통해 현세에 열려지는 새로운 행복의 나라, 별세 천국을 소유할 뿐 아니라 내세에 들어가는 영원한 천국을 소개하고 있기 때문이라 한다.[74] 이러한 해석을 통하여 우리는 이중표 목사가 말하는 별세 신앙이란 예수 그리스도가 살았던 그 별세의 삶을 오늘날 우리 그리스도인들이 살아서 부활하고 영생의 삶을 이 세상 속에서 누리자는 신앙이라고 할 수 있다.

별세의 신앙인 사도 바울

이러한 별세 신앙을 산 사람은 사도 바울인데, 그는 그 별세 신앙을 갈라디아서에서 이렇게 표현한다. "내가 그리스도와 함께 십자가에 못 박혔나니[별세하였나니], 그런즉 이제는 내가[별세 이전의 내가] 산 것이 아니요, 오직 내 안에[별세의 내 안에] 그리스도께서 사신 것이라 이제 내가 육체 가운데[별세의 세상 가운데] 사는 것은 나를 사랑하사 나를 위하여 자기 몸을 버리신 하나님의 아들을 믿는 믿음[별세의 신앙생활] 안에서 사는 것이라"([ ]는 이중표 목사의 제시이다(갈라디아서2:20)).

성경말씀에서 이중표 목사는 바울이 사용한 '신비적 용어' 즉 "그리스도가 내 안에 산다"라는 '신비적 용어'를 자신의 신학의 출발점으로 삼는다.[75] 그가 말하는 별세 신앙이란 "별세는 예수님과 함께 죽고, 예수님과 함께 다시 사는 새 삶이다." 이것은 그가 예수와 함께 죽기 전에 사랑하고 자랑하고 갈망하던 모든 옛 가치들이 이제 무용한 것이 되었다는 것이 선언이다. 그리고 목이 타는 듯한 갈증을 느끼며 추구하던 옛 세계도 죽어서 장사 지낸다는 것을 의미한다. 그런 점에서 별세는 옛 자아의 죽음을 의미한다. 그러나 "별세는 옛 자아의 죽음으로 막을 내린 것이 아니라, 이제 완전히 새로운 참된 진리의 세계를 인식하고, 경험하고, 그 안에서 사는 진정 새로운 삶을 의미한다고" 오영석 교수는 말한다.[76]

그리하여 별세의 신앙인은 먼저 예수 그리스도와 함께 자기가 죽어야 한다. 이는 예수 그리스도를 만남으로써만 가능하다. 그리스도인이 예수 그리스도를 만나고 주님이신 예수에게 고백하는 순간 우리의 가슴 속에는 예수 그리스도가 사는 것이다. 또한 이제는 자신의 의지에 따라 살지 않고 자신 안에 있는 예수 그리스도의 의지가 작용하는 것이기에 이러한 순간이 예수 안에서 자신의 의지가 죽는 것이다. 이것을 이중표 목사는 '자기의 죽음' 이라고 표현한다.

이런 삶의 모범을 보여준 대표적인 사람은 사도 바울이라고 이중표 목사는 말한다. 사도 바울은 다메섹으로 가던 중에 예수 그리스도를 만나 자기를 죽인다. 이때 바울은 그가 가지고 있던 이전의 세계관을 모두 버렸다.

그가 버린 것은 첫째, 유대교 율법이었다. 율법은 인간 양심의 가능성을 믿고 형성된 법인데 바울은 유대교 율법과 인간의 양심으로는 의인이 될 수 없고 예수 그리스도를 통해서만 의인이 될 수 있다는 복음을 받아들인다.

둘째, 바울은 개인적인 정욕을 버리고 그리스도를 전하는 사도가 된다. 그는 유대 사회에서 출세를 도모하는 일을 배설물로 여기고서 그리스도의 별세 사건을 전파하는 사도가 된다고 이중표 목사는 보고 있다.

셋째, 그가 버린 것은 자신이 가졌던 이전의 세계관이다. 그가 다메섹 도상에서 예수를 만났을 때 그는 아무것도 볼 수 없었지만 이후에 다메섹에 도착하여 아나니아를 만나고 그가 안수함으로써 그의 눈에서 비늘이 떨어져 나가고 시력이 회복되었다. 이것을 이중표 목사는 새로운 눈을 가지고 세상을 새롭게 보게 되는 사건으로 해석한다. 그는 죽음을 통하여 근본적으로 변화되는 데에는 신앙인이 이렇게 자기를 버리는 별세의 체험을 해야 한다는 것이다.[77] 즉 성부 하나님은 인간을 속죄하여 의인화하고 별세의 삶의 모범을 보일 그리스도를 예정하셨다. 여기서 예정은 인간이 타락할 것을 알고 인간을 구원하시려는 계획을 수립했다는 것이고, 개별 인간들을 선택하여 구원할 것을 예정해두었다는 의미인데, 인간은 그리스도의 삶을 통해 거룩하고 흠이 없게 된다는 것이다. 예정은 그리스도와 관계되어야 한다. 예수와 관계 없는 예정은 그리스도인의 예정이 아니다.[78]

바울은 다메섹에서 자신의 이전 삶을 죽이고 새롭게 태어나 하나님의 선교를 행한다. 그는 여기저기에 교회를 세워 하나님의 복음을 통해 사람들이 새롭게 태어나도록 하였다. 그리하여 바울은 별세하여 세상을 살리는 진정한 별세의 신앙인이 된다.

여기서 이중표 목사는 예수의 죽음을 과거의 사건으로만 한정시키지 않고 오늘 우리의 마음속에서 일어나는 사건으로 예수 그리스도의 죽음과 부활 사건의 현재화를 시도한다. 그리스도인이 예수 그리스도의 죽음과 함께 자신을 죽이면 예수와 함께 새로운 존재로 태어나게 되며, 비로소 그리스도인이 된다는 것이다. 그리스도인이 자신을 죽인 것은 죽기 위해서가 아니라 새로운 탄생을 위한 것이었다.

그 모범 또한 사도 바울이 보여주는데 사도 바울은 예수와 함께 새로 태어난 자라고 이중표 목사는 주장한다. 그 근거로 이중표 목사는 "그런즉 이제는 내가 산 것이 아니요, 오직 내 안에 그리스도께서 사신 것이라"는 구절을 제시한다. 즉 그가 사는 새 삶은 자기의 삶이 아니라 그리스도가 자신 안에서 사는 별세의 삶이기에 이러한 새로 태어남을 통해 비로소 바울은 율법을 지키지 않는 사람에 대한 증오가 사라졌고 자기의 자존감을 갖게 되었으며 하나님이 자신을 사도로 임명했다고 자각하고 하나님의 목적에 따른 삶을 살게 된다. 그리하여 그는 새로운 피조물로서 새 삶을 살게 된다고 이중표 목사는 본다.

십계명은 별세의 계명

이중표 목사는 하나님께서 인간을 사랑한다는 것을 구체적으로 표현하신 것이 십계명이라고 이해한다. 그에 따르면 이것은 강퍅한 인간들에게 주어진 사랑의 계명이다. 이 계명을 하나님께서 주신 것은 하나님이 인간을 사랑하시기 때문이며, 동시에 인간이 하나님을 사랑할 것을 요구하신 것이다.

이중표 목사의 「별세의 계명」은 '십계명'에 대한 별세 신학적 강해서라고 할 수 있다. 그는 이러한 계명들의 실천이 구원의 관문이라는 것을 역설하면서 십계명의 실천은 별세의 결단 없이는 주어지지 않는다고 말한다. '야훼' 신명(神名)의 의미를 올브라이트(F.W.Allbright)의 '사역적 해석'에 따라 '있게 하시는 분(생명과 구원의 창조자)'으로 해석한 점이 그것을 나타내며 따라서, 제6계(살인 금지법)의 의미를 단순한 '소극적 의미(살인 금지의 교훈)'로 해석하지 않고 "죽어가는 생명을 살리라"는 적극적 의미로 해석해 별세의 의미를 해석해 주었다는 점을 들 수 있다. 그렇게 함으로써 이중표 목사는 '별세의 계명'이 지닌 적극적 성격을 부각시키고 생명의 하나님에 대한 귀속성(사무엘상 2:6, 한나의 기도)을 강조한다.[79)]

따라서 십계명은 별세 공동체를 유지해 가는 하나의 규범으로 설명되고 있다. 그러므로 인간은 십계명을 삶의 규범으로 삼되, 이는 오직 사랑을 하기 위한 지침이나 원칙이 되어야 하며, 십계명은 죽은 율법적 의미보다는 오히려 삶 가운데 살아서 작용하는 규칙으로 적용되어야 할 것이다. 이 십계명은 이스라엘이 하나님의 백성이 됨을 나타내는 것으로서 이 계명들을 통해 하나님께서 이스라엘과 관계를 갖고 있음을 확인해주었다. 이중표 목사는 십계명이 인간을 자유롭게 하는 것으로 이해하고 이 계명들이 사람들을 정화시키는 작용을 한다고 보았다. 이 계명들은 믿는 자들을 항상 검증할 수 있게 하며 성결의 척도나 안내자로서 작용하면서 하나님만을 섬기라는 신학적 공감에서 요약된 것이기에 그리스도인들은 바로 이 계명에 기초해 다른 계명들을 이해하면서 하나님을 사랑해야 한다는 것이다. 이것은 하나님을 사랑하는 자에게 행복을 주기 위해서이다.

십계명은 행복의 헌장

우리는 계명을 규범으로 사용할 때에 항상 양면성이 있음을 주의해야 한다. 즉 계명들을 소극적인 면에서 이해하면 '하지 말라' 는 뜻으로 받아들여 위협을 느끼게 될 때도 있다. 그렇지만 반대로 적극적인 면에서 본다면, 그것은 '하지 말라' 는 말에 '반대하여 행하라' 는 말이 된다. 그것을 이해하고 행하면 우리는 사랑하며 율법을 완성하게 된다. 이러한 행동은 인간을 행복으로 인도하기 때문에 이중표 목사는 십계명을 가리켜 행복을 위한 헌장이라고 규정하고 있다.[80)]

별세는 타락한 자신의 인간성을 버리고 그리스도와 연합하는 사건이다. 예수와 함께 옛 사람이 죽고 그리스도와 함께 새롭게 살아나서 내가 예수의 마음을 품는 혁명적인 전환이 마음속에서 발생하는 사건을 통해 인간은 예수의 속성을 갖게 되고 하나님의 형상을 회복하게 된다. 별세는 사실 인간의 속성을 예수의 속성으로 전환시켜서 인간뿐 아니라 세상을 바꾸는 사건이다. 천국은 자기를 죽여서 사는 나라요, 하나님 나라 운동은 자기가 죽고 다시 사는 운동이다. 그러므로 예수와 함께 죽고 예수와 함께 사는 사건은 최대의 은혜요, 신앙이며 혁명적인 사건이다.

별세 신앙은 예수 그리스도의 별세(죽고 삶)를 나의 별세(죽고 삶)로 이루는 신앙이다. 별세 그리스도인의 모범인 사도 바울은 자신을 살리고 새로운 삶을 살 뿐만 아니라 다른 사람을 살리는 사역을 기꺼이 담당한다. 그로 말미암아 예수를 통하여 교회가 세워지고 각 지역마다 예수에 의해 살려진 사람들의 공동체가 되며 그리스도인들은 사랑의 공동체를 세우고 예수의 사랑을 실현했다.[81]

이러한 살림의 공동체에서 일어나는 살림의 행위에 대해서 사도행전은 이렇게 증언한다. "믿는 사람이 다 함께 있어 모든 물건을 서로 통용하고 또 재산과 소유를 팔아 각 사람의 필요에 따라 나눠주고 날마다 마음을 같이하여 성전에 모이기를 힘쓰고 집에서 떡을 떼며 기쁨과 순전한 마음으로 음식을 먹고 하나님을 찬미하며 또 온 백성에게 칭송을 받으니 주께서 구원받은 사람을 날마다 더하게 하시니라"(사도행전2:44-47).

이중표 목사의 별세의 신학은 본질적으로 바울적 복음을 이해하는 데에 초점을 맞춘 '영성 신학'임이 틀림없다. 한신대 김경재 교수는 바울 신학이 파악한 복음의 본질 해명과 요한 신학이 파악한 그것 사이에 충돌이나 이질성이 있을 리 없다고 본다. 그러나 보는 견해가 다양하고 풍요로운 복음의 세계는 여유가 있어서 한계점이 없다고는 할 수 없다고 김경재 교수는 지적한다.[82] 그럼에도 불구하고 '별세의 영성'은 오늘날 새롭게 변화되어 자기를 살리고 다른 사람을 살리는 한국적 영성운동으로 발전한 것이다. 별세한 사람은 오늘 부활을 체험하기 때문에 이중표 목사에 의하면 그리스도인은 바로 지금 천국을 누리는 것이다.

5. 별세의 신앙을 통한 구원

이중표 목사는 인간의 구원을 별세로 파악하고 구원받은 그리스도인을 별세의 그리스도인이라고 본다. 그는 인간은 별세를 통해 구원을 예정하신 하나님의 계획에 따라 자신을 응답하도록 해야 한다고 말한다.

인간은 죄인

이중표 목사는 구원의 과정을 크게 3단계로 설명하는데, 첫째가 의인화의 과정이다. 우리의 신학적 전통에 따르면, 인간은 죄인이지만 인간의 본성을 선한 존재로 보고, 양심에 따라 살 능력이 있다고 주장하는 학설들이 있다. 그러나 이중표 목사는 인간이 근본적으로 양심에 따라 사는 것은 아니라고 본다. 그에 따르면 인간은 양심을 가지고 있지만 자기의 이익 앞에서는 양심이 눈감는다는 것이다.

성서는 이런 인간의 죄악성을 인정한다. 이 근거로 이중표 목사는 사도 바울이 언급한 것을 제시한다. 사도 바울은 "의인은 없나니 하나도 없으며 깨닫는 자도 없고 하나님을 찾는 자도 없다. 다 치우쳐 한 가지로 무익하게 되고 선을 행하는 자는 없나니 하나도 없도다"(롬 3:10-12)라고 인간의 본성에 대해 말하고 있다.[83]

이중표 목사에 따르면 성서는 또한 아담이라는 인물을 통해서도 인간의 죄악성을 나타내는데 아담은 인간의 보편적인 죄악성을 드러낸 것으로 그의 죄는 교만이었다. 그는 교만하여 하나님이 되려고 했다. 이중표 목사는 이 교만을 인간의 이기심의 최고 형태로 파악하고 그 결과, 인간의 관계성이 파괴된다고 보았다. 이 교만이 인간의 보편적인 죄악성이라는 것이다. 이중표 목사는 인간은 바로 이 교만의 죄를 용서받아야 하므로 인간에게는 의인화의 과정이 필요하다는 것이다. 의인화(義認化)란 죄인인 인간이 죄를 씻고 의인(義人)으로 인정(認定)되는 것을 말한다. 그 과정 없이 인간은 구원을 받을 수가 없다고 그는 말한다.[84]

인간의 의인화

그러면 인간은 어떻게 의인화되는가? 인간의 의인화를 위해서는 누군가가 그 죗값을 대신 치러야 한다. 예수 그리스도가 별세함으로써 그 죗값을 대신 받았다. 그리하여 인간은 새로운 존재로 인정받게 되고 하나님의 자녀가 된다.

이중표 목사에게 있어서 이것은 중요한 문제이다. 인간은 이전에는 단순한 피조물이요, 타락한 죄인이었지만 이제는 그리스도 안에서 의인으로 인정받고 하나님의 형상을 지닌 고귀한 하나님의 자녀가 된다는 것이다. 하나님의 자녀라고 말함으로써 이중표 목사는 인간이 성령 하나님의 도움에 힘입어 그리스도처럼 성화를 이룰 능력이 있는 존재로 된다는 것이다.[85]

오늘날 예수가 살아있게 하기 위해서는 우리 안에 예수를 모셔야한다. 예수와 함께 우리가 죽으면 예수는 우리 안으로 모셔지고 그분이 우리의 주인으로 살게 된다. 예수를 모시는 일은 오늘 실존적으로 예수의 십자가 죽음과 부활의 사건이 우리 안에서 현재화되는 일이다. 이를 별세의 사건이라고 말한다. 그리하여 별세의 사건이 일어나면 예수는 우리 안에 살아계신다. 우리는 그의 가치관에 따라 예수의 인격을 갖게 되고, 그리스도적 인격이 우리의 삶으로 발현되며, 이 삶을 통해 예수의 살아있는 역사가 나타난다. 또한, 교회가 살기 위해서는 교회에서 올바른 복음이 선포되어야 한다. 교회는 그리스도인들에게 예수의 인격을 닮아서 누리는 복음을 세상에 선포해야 한다.

별세의 복음이 선포되면 교회 공동체는 주님이신 예수의 삶을 따르는 진정한 제자들의 공동체가 될 것이다. 예수의 십자가와 부활을 재현하는 공동체는 예수를 증거하는 증인의 공동체이다(행 1:8). 교회가 예수의 십자가와 부활이라는 핵심 아래 복음을 바로 이해하고 제자를 양성하며 예수의 인격을 보여주는 증인 공동체가 되면 교회는 예수의 몸으로 세워진다.

제자들은 예수 그리스도의 별세하는 삶을 따랐다. 그 별세의 삶을 따라서 제자들은 자기도 살고 다른 사람들도 살리면서 별세의 삶을 세상에 전했다. 제자들은 만나는 사람들을 살리고 민족들을 살렸다. 그 별세의 복음이 확장되면 세상은 더욱더 살려질 것이다. 이중표 목사의 별세 신학은 세상을 살리는 이러한 비전을 가지고 있다. 하나님의 자녀가 되면 하나님의 사랑 안에 거하게 되고 중생한다. 그리하여 이중표 목사는 칭의는 중생으로 이어진다고 보았으며 중생한 새로운 삶은 과거의 죄를 폐기시키고 새 희망 가운데 살게 되고 행복한 하나님의 나라를 누리며 살게 된다고 말한다.[86)]

인간의 성화

둘째, 이중표 목사는 그의 별세 신학에서 "인간이 의인으로 인정받으면 그 다음 단계로 인간은 성화의 장정을 시작한다"고 말한다. 그는 이 성화의 과정을 인간이 하나님에게 응답하며 올라가는 길이라고 규정한다. 이 과정을 통해 하나님의 자녀로서 그리스도인이 장성한 분량으로 인격적인 성장을 한다.

성화는 그리스도인이 예수를 닮는 과정인데 이 세상에서 완성될 수 없고 세상에서 점점 성장하다가 종말에 이르러 완성에 이른다. 성화의 과정은 인간이 매일매일 자기를 죽이고 대신 예수가 우리 자신 안에 살아서 우리를 지배하게 하는 과정, 즉 별세의 과정이다. 이를 통해 인간은 구원에 이르게 되고 과거와는 다른 미래의 삶을 사는 것이고 구원받은 새 삶의 기쁨을 찾아가는 과정이다.[87)]

성화의 모범은 예수이다. 우리는 하나님의 아들인 예수를 따라 하나님의 자녀로 성장해야 한다. 이중표 목사의 모든 목회는 예수 그리스도의 삶에 참여하는 것이다. 특히 그의 행복론, 가정관, 지도자론 등을 보면 이런 경향은 더욱 두드러지게 나타난다. 진정한 행복은 우리 자신이 별세하고 예수께서 우리 가운데 충만하게 하는 데에 있다. 가정의 행복은 내가 별세하여 예수께서 가정 속에 살아 있는 것이다. 목회자는 예수의 별세에 동참하는 자이다. 그러므로 모든 그리스도인의 삶과 사역은 예수 그리스도 안에서 죽고 사는 별세를 통해서만 가능하다. 이런 별세의 삶이 한국 교회의 중심에 설 때에 한국 교회는 다시 한 번 예수의 빛을 발하는 교회로 굳건히 설 수 있을 것이다.

이중표 목사는 교회를 세우고 개인의 성화를 이루는 방법으로 먼저 회개를 제시한다. 회개 없이 자기를 떠나고 자기를 죽이고 자기를 비울 수가 없다는 것이다. 그리스도인은 원죄를 회개해야 한다고 이중표 목사는 주장한다.

일반적으로 회개는 자기가 지은 죄를 고백하는 것인데 이중표 목사는 먼저 원죄를 회개해야 한다고 강조한다. "원죄를 회개한다는 것은 인간의 근본적인 범죄적 속성을 회개해야 한다는 말인데 이를 통해 인간은 이기성으로부터 전환하게 된다." 그에 따르면 원죄를 회개한 다음에 오늘을 살면서 지은 죄를 회개해야 한다. 그 회개 이후에 그리스도인은 말씀을 들어야 한다. 이때 들어야 할 가장 중요한 말씀은 예수의 말씀이다. 그 중에서도 "예수께서 제자들에게 이르시되 누구든지 나를 따라오려거든 자기를 부인하고 자기 십자가를 지고 나를 좇으라"(마태복음 16:24)는 말씀과 "너희는 가서 모든 족속을 제자로 삼아 아버지와 아들과 성령의 이름으로 세례를 주고 내가 너희에게 분부한 모든 것을 가르쳐 지키게 하라"(마태복음 28:19-20)는 말씀이 가장 중요하다.

이 말씀은 결국 자기를 버리고 별세하라는 의미이고 그리스도의 별세를 사람들에게 전하여 별세 신앙을 굳건하게 하라는 말씀이다. 이러한 말씀을 묵상할 때 그리스도인들은 성화 과정에서 별세를 할 수 있다는 것이다. 그리고 그 말씀대로 본인이 스스로가 실천해야 한다. 그러면 그리스도인들은 점점 성화에 이를 것이다.[88]

인간의 소명

신앙의 세 번째 단계는 소명의 단계이다. 이중표 목사는 "그리스도인이 칭의를 얻고 성화를 향해 가면 하나님은 그 사람을 사용하셔서 당신과 함께 동역하신다"고 주장한다. 이 동역의 과정은 소명에 의하여 이루어진다. 소명이란 예수께서 우리에게 할 일을 주는 것인데 이는 곧 하나님의 영광을 드러내기 위한 것임을 깨닫게 하기 위한 것이다. 결국 소명은 하나님께서 우리에게 그 일을 통해서 복을 받게 하려는 것이다.

이중표 목사에 따르면 그 일을 하면 그리스도인은 행복해진다. 왜냐하면 그것은 고행의 일이 아니라 그 일을 통해 행복해지는 것이기 때문이다.[89] 이것은 아마도 노동하는 존재로서 인간이 노동을 통해 자기를 실현하고 자기를 완성하고, 자기실현과 자아완성을 통해 행복을 느낀다는 노동의 철학과 유사한 이론인 듯하다. 그러므로 예수께서 주시는 소명은 우리를 행복하게 한다. 그러나 먼저 성령으로 충만한 존재일 때 그 행복을 경험할 수 있다. 성령으로 충만하지 않으면 힘든 일이 된다. 성령으로 가득차 있지 못하면 결국 우리의 일 또한 열매를 맺지 못한다. 즉 성령으로 충만하지 못하면 그리스도인은 행복에 이르지도 못하고 결과를 산출하지도 못한다.

성서에서 하나님은 '영'(요 4:24)으로 묘사된다. 인간이 '하나님의 형상' 표현은 인간이 영이신 하나님을 닮았다는 것을 의미한다.[90] 성령으로 충만한 그리스도인은 행복한 삶을 살 뿐만 아니라 세상을 살리는 일을 한다. 소명 속에서 자신의 일을 찾은 그리스도인들은 그 일을 통해 다른 사람을 살리는 일을 한다. 이것은 자신의 이기적인 소득과는 아무런 상관이 없다.

그래서 한국 교회는 세계 곳곳에서 선교 활동을 하고 세상 모든 사람들을 살리면서, 단순히 복음을 선포하는 수준이 아니라 그들과의 나누고 자기의 포기가 포함된 삶을 산다. 그리하여 이중표 목사는 자기의 구원, 공동체의 구원, 세계의 구원을 포괄하는 칭의, 성화, 소명의 구도를 가지고 신앙론을 정립하였다.

6. 별세 신앙인의 공동체 교회

이중표 목사는 자신의 교회론을 다음과 같이 도표를 통해 집약적으로 표현하고 있다.

도표로 보는 별세 교회론

<table>
<tr><th>하나님</th><th>교회</th><th>개념</th><th>방향</th><th>목적</th><th>사역</th><th>성격</th><th>만남</th><th colspan="2">비전</th></tr>
<tr><td>성부</td><td rowspan="3">교회</td><td>하나님 백성</td><td rowspan="3">모이는 교회
흩어지는 교회</td><td>예배</td><td>말씀, 기도</td><td>은혜</td><td>대그룹</td><td>영광</td><td rowspan="3">별세</td></tr>
<tr><td>성자</td><td>그리스도의 몸</td><td>인격</td><td>교제, 훈련</td><td>훈련</td><td>소그룹</td><td>행복</td></tr>
<tr><td>성령</td><td>성령의 전</td><td>살림</td><td>봉사, 선교</td><td>섬김</td><td>개인</td><td>창조</td></tr>
</table>

위의 도표에서 보는 것처럼 이중표 목사는 교회의 정의를 삼위 하나님의 세 차원에서 설명한다.[91] 성부의 차원에서 교회는 '하나님의 백성' 이고 성자의 차원에서 '그리스도의 몸' 이며 성령의 차원에서 교회는 '성령의 전' 이라고 정의한다.

교회는 성부 하나님의 백성

먼저 교회는 하나님의 백성들의 공동체이다. 이중표 목사에 따르면 하나님의 백성이라는 것은 하나님에 의하여 부름받은 사람들로서 혈통적인 개념이 아니라 예수를 주로 고백하는 사람들을 의미한다. 교회의 정의에서 성부적 차원에서 하나님의 백성으로 규정된, 부름받은 하나님의 백성들은 성부 하나님의 속성인 거룩함을 추구하며 하나님과 관계를 맺어야 한다. '거룩'은 죄가 없다는 말인데 교회 공동체는 매일 자기의 죽음을 선언하고 점점 거룩해지는, 즉 거룩함을 향한 순례를 하는 존재라는 것이다. 이 거룩함을 통해 그리스도인들은 성도가 되는 것이다.

교회를 거룩한 공동체로 자리매김하기 위해서 그리스도인이 먼저 해야 할 일은 하나님과 교제해야 한다. 세상적인 공동체는 이익의 관점에서 형성되기 때문에 손해가 되면 떠나고 이익이 되면 모여든다. 그러나 신앙 공동체는 하나님과의 사귐 속에서 살면서 하나님의 뜻을 실현하고 하나님에게 가까이 가는 과정이다.

하나님께 나아가는 첫 번째 단계는 끊임없이 하나님의 말씀 앞에 자기를 세워두고 자기를 '부인'하고 '떠나'는 교제를 해야 한다는 것이다. 이 교제는 하나님 말씀을 통해 이루어진다. 수도원의 수도사들은 하나님 말씀 앞에 무릎을 꿇고 '아버지의 뜻을 이루소서'라고 기도를 하면서 자기를 떠나 하나님의 거룩한 뜻에 이르고자 했다. 우리는 하나님과의 교제를 통해 죄된 삶을 초월해 가야 한다.

하나님께 나아가는 두 번째 단계로 교회는 내적으로 교제해야 한다. 내적인 교제 속에서 그리스도인들은 자기 것을 다른 사람에게 주어야 한다. 즉 희생을 해야 한다. 그리고 이를 통해 행복을 얻어야 한다.

예수 그리스도는 몸의 희생을 통해 내적인 교제의 모범을 보여주셨다. 그는 다른 사람을 위해 목숨마저 주셨다. 그러나 그는 죽음의 지배 아래 놓이지 않고 부활했으므로 희생을 통한 교제는 행복이 되어 돌아온다. 초대 교회 구성원들은 예수 그리스도의 모범에 따라 자신의 모든 소유물을 공유함으로써 자신을 희생했다. 그렇지만 그들은 차원이 다른 것을 얻었다. 그들은 희생을 통해 인생을 살리고 행복을 얻었다. 그리고 그 행복의 초대 교회에 희생을 통해 행복을 얻으려고 사람들은 모여들었고 거기서 그들은 진정으로 하나님과 내적인 교제를 했다.

세 번째 단계는 교회가 세상과 교제해야 한다는 것이다. 성령이신 하나님은 우리 안에 내주하시면서 우리가 신앙적으로 성장, 갱신되게 하시며 세상으로 우리를 파송한다. 그리하여 그리스도의 영이신 성령이 우리에게 세상 속에서 그리스도의 삶을 실현하도록 이끄신다. 세상에는 이기적인 죽음의 문화가 지배한다. 우리는 죽음에 직면한 사람들에게 참 진리가 무엇인지를 전도하고 자기 것을 나눠주고 그들을 구제해야 한다. 이를 위해 성령은 우리에게 능력을 주시고 세상을 살리는 사역을 감당하게 하신다. 교회의 교제 사역은 하나님과 교제하여 자기의 정욕을 끊임없이 '떠나고', 교회 내적으로는 교인 간에 서로 예수의 사랑을 실천하는 '새 삶' 을 살고, 더 나아가 세상과 교제하여 세상을 살리는 '살림' 의 사역이다. 그리하여 교제는 별세의 세 구도인 '떠남' '새 삶' '살림' 의 사역이어야 한다. 그러면 교회는 거룩한 하나님 백성의 공동체를 이루게 될 것이다.

교회는 예수 그리스도의 몸

이중표 목사는 성자의 차원에서 교회를 '예수 그리스도의 몸' 이라고 규정하고,[92] 그는 근거를 다음과 같이 제시한다. "그가 혹은 사도로 혹은 선지자로 혹은 복음 전하는 자로 혹은 목사와 교사로 주셨으니 이는 성도를 온전케 하며 봉사의 일을 하게 하며 예수의 몸을 세우려 하심이라."(엡 4:11~12) 여기서 교회는 그리스도의 몸으로 표현된다. 예수는 사랑을 실현했고 그의 몸은 희생제물이었으며 초대 교회는 희생하는 사랑 곧 그리스도의 몸을 실현했다.

성자의 차원에서 규정된 예수의 몸이라는 교회의 정의에 따라 그리스도인들은 예수의 인격을 닮아 그의 몸처럼 사랑을 실현해야 한다. 이중표 목사에 따르면 "그런 의미에서 교회는 사람들의 헌금을 받고 신에게 소원을 아뢰고 제사를 드려주는 종교적인 일만을 하는 종교적 모임이 아니라 복음서에 나타나는 '예수의 일' 을 하는 곳이어야 한다".[93] 여기서 예수의 일은 세상을 향해 몸을 바치고 인간을 위해 몸과 피를 주신 진정한 사랑을 의미한다.

이를 실현하기 위해서 우리는 정욕을 예수와 함께 십자가에 못

박고 그리스도와 함께 부활하여 이제는 내가 사는 것이 아니라 내 안에 있는 그리스도가 사는 것이어야 한다. 그러면 우리는 예수의 몸이 되고 그리스도처럼 사람들을 사랑하게 되고 사람들은 우리를 보면서 교회를 예수의 몸이라고 생각할 것이다.

교회는 성령의 전

세 번째로 교회는 성령의 전(殿)으로 규정된다. 사도 바울은 고린도전서 3장 16절에서 "너희가 하나님의 성전인 것과 하나님의 성령이 너희 안에 거하시는 것을 알지 못하느뇨."라고 반문한다. 이중표 목사에 따르면 교회는 영이신 하나님이 내주하는 성령의 전이다.

이 성령은 예수의 영인데(로마서 8:9), 성령은 승천하신 예수가 지상 위에 나타나신 현존으로서 예수의 사역을 계승하여 실행한다. 그러므로 성령의 전인 교회는 예수의 일을 행해야 한다. 이중표 목사는 "별세의 은혜는 삶과 죽음이 하나이며 산다는 것은 죽음에 이르는 것이기에 죽는 것 또한 생명으로 이어지는 것으로서 우리는 예수 안에서 생명을 얻어 살아도 주의 생명이요, 죽어도 주의 생명이니 사나 죽으나 주의 생명일 뿐이다."라고 교회 공동체 속에서 별세를 통하여 하나됨을 강조한다.[94]

그에 따르면 교회가 성령의 전이라는 것은 또한 교회가 성령의 능력을 발휘하는 공동체임을 의미한다. 성령은 누구에게든 그 능력을 실현하도록 은사를 준다. 교회에 속한 그리스도인들은 모두 은

사를 가지고 있다. 그 은사를 통해 우리는 예수의 창조적인 일을 감당 할 수 있으며, 교회는 성령의 능력 속에서 창조 작업을 하는 공동체인 것이다.

교회는 '하나님의 백성' 으로서 '거룩함' 을 추구하며 '예수 그리스도의 몸' 으로서 '사랑' 을 행하며 '성령의 전' 으로서 성령의 능력 안에서 '창조적인 일' 을 하는 공동체인 것이다.

7. 별세 영성의 특징

일반적으로 '영성' (Spirituality)은 어떤 정신성을 토대로 하여 그것이 삶으로 이어지는 것을 의미한다. 어떤 이상적인 정신을 받아들이고 그 정신의 실천을 자신의 가장 중요한 삶으로 생각하는 것이다. 그러므로 영성에는 자기가 추구하는 이상적인 정신을 자기의 정신으로 받아들여 그 정신으로 살아가려는 의지와 결단이 내재된 것이다.

그리스도교의 영성

그리스도교가 일반적으로 말하는 영성은 무엇인가? 여기서 우리는 그리스도교의 영성의 특징을 알아보자.

첫째, 그리스도교의 영성은 하나님과 교통하며 관계를 맺게 하는 특성을 가지고 있다. 영적인 존재로 창조된 인간은 그 영성을 통해 하나님의 영광을 위해 산다. 그런데 최초의 인간은 죄로 말미암아 그 영성을 상실했다. 그 결과 에덴에서 추방되었고 육적인 존재가 되었다(창세기 6:3). 하나님은 영성을 상실한 인간을 긍휼히 여기시고 찾아오셨다. 영성을 가진 참 인간이신 예수님은 인간의 죄를 대속하시기 위해 십자가에서 죽으셨고 하나님과 인간의 사이에 화목제물이 되셨다. 누구든지 예수를 구주로 영접하면 성령이 임하고 영성의 사람으로 거듭나게 하셨다. 그러므로 예수를 믿는 사람은 성령이 내재해 있으므로 영성의 사람이다.[95]

하나님을 알고, 교제하고, 하나님의 뜻대로 살았던 모델이 바로 예수 그리스도이다. 예수 그리스도의 삶에는 그리스도의 영이신 성령이 내재하고 인도한다. 그런 의미에서 그리스도교의 영성은 성령의 열매에 의하여 나타난 예수의 삶이라고 할 수 있다.

그리스도교의 영성은 이 세상 속에서는 인간에 의하여 실현된다. 그리스도를 우리의 주로 받아들이고 성령의 능력 가운데 하나님의 뜻을 따름으로써 인간은 그리스도의 영성을 실현한다. 그리하여 그리스도인은 하나님과의 관계를 통해 그리스도의 성품을 내면에 받아들이고 예수 그리스도의 모습을 본받아 살아가야 한다.[96]

둘째로, 그리스도교의 영성은 영적인 것과 육적인 것을 통전적으로 이해하는 영성이다. 영성의 모델인 예수 그리스도는 몸을 입은 영성으로 자신을 나타내어 결코 영과 육을 분리하지 않았다. 영성은 육을 떠나서는 존재할 수 없다. 이는 영성은 육체와 함께 존재하기 때문이다.

예수님도 통전적인 분이셨다. 그는 말씀이 육신이 되어 우리 가운데 거하셨다(요한복음 1:14). 예수는 몸으로 부활하여 성령을 보내고, 우리 안에 거하심으로써 우리의 몸을 성전으로 삼았다. 그러므로 그리스도교의 영성은 몸과 함께하는 영성이다. 하나님의 뜻이 땅에서 이루어지는 것은 하나님의 영이 물질을 입고 이루어지는 영성이기 때문이다. 그러므로 그리스도교의 영성은 육을 무시하지 않는 전인적 영성이요, 통전적 영성이라 할 수 있다.

그리스도교의 영성의 특징은 생활 가운데서 영적인 사람을 실현하는 것이다. 몸을 입고 살면서 그리스도의 삶을 구체적으로 본받는 과정이 그리스도교 영성이다. 영성은 주 예수께서 우리를 통해서 이 세상을 고난 가운데서 구원한 역사적 삶이라 할 수 있다. 영성은 "하나님의 은혜로 주어졌고 그리스도 안에서 보존되고 확증되었으며, 복음 안에서 열매 맺고 하나님의 나라를 향해 열려있는 진정한 인간적 삶의 능력"이므로, 은혜로 이어져야 할 것이다.[97]

셋째, 그리스도교 영성은 공동체의 영성이다. 영성은 개인적 삶의 차원을 넘어서야 한다. 참된 영성은 함께 살고 함께 공유하는 정신에 있는 것이다.

예수께서 이 세상에 온 목적은 십자가에 죽으러 왔으며, 주님의 삶은 언제나 십자가를 향하고 있다. 루터가 주장하는 십자가의 신학은 인간의 이성과 기대와 상관없이 진행되는 것으로서 십자가 위에서 예수가 당한 고난과 더불어 시작된다. 루터는 십자가 위에서 하나님을 발견한다고 했다. 즉 하나님이 십자가에 매달리어 인류에게 사랑의 은혜를 드러낸다고 말하고 있다.[98] 그러므로 십자가의 영성은 자기 죽음과 나눔의 영성이다. 예수님은 사랑의 공동체를 실현하기 위해서 공생애를 마감하는 만찬의 자리에서 자기의 몸을 나누어줌으로써 공유의 삶을 확증시켰다. 복음은 나누어줌으로써 비로소 복음이 된다. 나눌 수 없으면 복음이 아니다. 예수님은 십자가의 죽음으로 생명을 모두에게 나누어준다. 그의 나눔은 개인만이 아니라 나눔의 영성을 살리기 위한 것이다.

넷째, 그리스도교 영성은 부활 생명의 영성이라고 할 수 있다. 예수 그리스도의 영성은 부활의 영성이다. 인간이 죄로 말미암아 잃어버린 영성을 예수께서 부활 생명으로 회복시켰다. 부활을 통해서 우리는 죄인이 아니라 새로운 존재가 된다. 우리가 이루어야 하고 전해야 하는 영성은 이렇게 새로운 존재가 되는 영성이다. 우리의 생명이 회복되는 이 부활 생명의 영성을 통해 우리는 새로운 기쁨의 삶을 살게된다.

다섯째, 그리스도교의 영성은 성서적 영성이다. 성서에 근거하지 않는 영성은 그리스도교의 영성이 아니다. 그리스도교의 영성은 일반적으로 내재하는 정신세계나 종교, 보편적으로 추구하는 마음의 세계가 아닌 하나님의 형상으로 주신 창조의 영성이다. 그러므로 하나님 없이 그리스도교의 영성은 존재할 수 없다. "여호와 하나님이 흙으로 사람을 빚으시고 생기를 그 코에 불어넣으니 생령이 된지라"(창세기 2:7). 여기서 생기(生氣)는 하나님의 영, 즉 하나님의 능력을 의미한다. 그러므로 영성은 창조의 신비이며 하나님의 생명이 인간 속에 내재하는 본질이다. 이처럼 성서를 통해 발견된 성령의 영성은 죽음을 두려워하지 않는 순교자의 영성이다. 또한 그리스도교의 영성은 성령이 우리 안에 내재함으로써 형성된다. 성령이 우리 안에서 우리를 인도하시고 교제의 삶을 살게 하신다.[99]

여섯째, 그리스도교의 영성은 공동체의 영성이다. 하나님께서는 사람을 영성을 가진 존재로 창조하시고 혼자 사는 것을 좋지 않게 여기시고(창세기 2:18) 함께 살 수 있도록 가정을 창조하셨다. 다시 말해 영성 공동체로 가정을 세워주셨다. 여기에 중대한 의미가 있다. 그리스도교의 영성은 가정에서 실현되어야 한다는 것이다. 그러나 세상의 모든 종교는 깊은 영성을 체험하기 위해서 가정을 떠나간다. 불교는 수도하기 위해서 출가를 하고 천주교는 독신으로 살면서 수녀가 되고, 신부가 되고, 고행하면서 금욕하고 조용한 수도원의 생활로 들어간다. 그리고 하나님의 은혜를 수도원이나 세상을 떠나 은둔생활을 하면서 받는 것으로 생각한다. 다른 종교는 이처럼 영성을 실현하기 위해 가정을 떠난다.

그러나 그리스도교는 가정을 가장 중요한 영성 공동체로 주셨다. 가정을 떠나는 것은 그리스도교의 영성이 아니다. 하나님께서는 그의 영성의 도장으로 가정을 주셨다. 가정은 영성을 수련하는 곳이요, 가정 공동체를 통해 영성이 꽃피고 열매를 맺게 된다. 지나친 개인적 경건함을 강조하는 영성은 경건함을 사유화하며 끊임없이 분리주의에 빠진다. 참된 영성은 함께 살고 함께 공유하는 정신에 있다. 그러므로 그리스도교의 최고의 영성은 공동체의 영성이다. 이중표 목사는 별세의 가정을 중요시하는 영성으로 별세 영성을 말한다.

별세 영성의 특징

이중표 목사는 위에서 설명한 그리스도교적 영성이 반영된 별세의 영성을 구상한다. 그에 따르면 별세의 영성은 첫째, 성령의 영성(생명)이다. 그리스도교의 영성은 성령이 우리 안에 내재함으로써 형성된다. 그 성령을 성서는 예수의 영이라고 한다. 그리하여 그리스도인은 성령의 사람이라고 할 수 있고 그 성령은 인간 안에서 예수를 실현하는 영이다.

성령이 내재하지 못한다면 그는 그리스도인이라고 할 수 없다(롬 8:9). 이를 통해 볼 때 그리스도교의 영성은 성령의 영성이다. 성령은 예수의 영이요, 그리스도인을 별세시키는 영이다. 성령은 그리스도인을 별세의 증인으로 만든다.

둘째, 별세의 영성은 교회의 영성(공동체)을 의미한다. 앞에서 교회는 성령의 전이라는 것을 논증했다. "너희가 하나님의 성전인 것과 하나님의 성령이 너희 안에 거하시는 것을 알지 못하느냐"(고린도전서 3:16). 이에 따라 이중표 목사는 성령을 교회의 영이라고 규정한다. 만약 교회가 별세를 추구하는 공동체라고 한다면 교회는 별세를 추구하는 영이 사람들을 별세시키는 곳이 된다.

셋째, 이중표 목사에 따르면 별세의 영성은 증인의 영성이다. 여기서 증인이란 예수 그리스도의 십자가 죽음과 부활 사건을 증거하는 존재인데 이것은 예수 그리스도의 죽음과 부활을 자기 삶으로 고백하고 일치시키며 증인된 삶을 산다는 의미이다.

넷째, 별세의 영성은 순교자의 영성이다. 이중표 목사가 말하는 순교자는 핍박 앞에서 종교를 사수하다가 죽은 사람을 의미하지 않는다. 그에 따르면 순교자는 예수 안에서 자기를 죽이고 예수와 더불어 새롭게 태어나 사는 사람을 말한다. 즉 그것은 일상생활 속에서 자기 십자가를 지는 사람을 의미한다.

별세의 영성의 의미에서 순교자는 자기를 부정하고 자기 십자가를 지는 생활을 한다. 언제나 하나님을 향해 살고 모든 것을 포기하고 모든 것을 바치는 심정으로 산다. 가톨릭대학교 박재만 교수는 영성이란 "인간이 실천하는 신심, 곧 하나님 섬김이며, 예수 그리스도의 신비에의 참여이다. 곧 성령의 은총 안에서 그리스도와 일치하며 성부께로 향해 나아가는 삶이다"라고 성령에 의한 삶을 강조하였다.[100] 이에 대하여 이중표 목사의 별세 영성은 순교 이해에 있어서 다른 종교는 죽음을 통해 순교하지만 그리스도교는 살아있는 상태로 자기를 바치는 것이 진정한 순교라고 본다.

이중표 목사에게는 육체적으로 죽은 자가 순교자가 될 수 없다. 오직 예수 안에서 신자임을 확증하는 것이 그리스도교의 순교다. 그러므로 순교는 산자의 영성을 고백하는 것이다. 순교는 예수의 죽음을 나의 죽음으로, 예수의 부활을 나의 부활로 고백하는 사건이다. 그러므로 순교는 부활 신앙으로 영생을 얻은 신자의 고백이요, 예수 안에서 신자임을 확증하는 생명의 선언이 되는 것이다.

순교는 별세 신앙을 가진 자만이 가능하다. 여기에서 비로소 지도자의 순교자 영성과 빚진 자의 영성, 민족의 영성이라는 별세의 영성이 나타난다.

8. 별세 지도자의 영성

이중표 목사는 별세의 영성에 기초하여 별세의 지도자인 목회자가 어떤 영성을 가지고 모범적인 삶을 살 것인지를 제시한다. 그것은 크게 세 가지로 정리할 수 있다.

순교자의 영성

이중표 목사에게 별세의 영성은 먼저 순교자의 영성을 의미한다. 별세의 지도자는 이러한 영성을 가져야 한다.

순교자 영성은 예수 그리스도의 죽음과 부활에서 시작된다. 예수는 죽으심으로 부활하였다. 예수의 죽음은 부활의 기초요, 전제이다. 예수가 죽지 않았다면 부활도 없다. 그리스도교의 진리는 단순한 영혼불멸이라든지 불로장생의 신화가 아니다. 예수님은 십자가 위에서 실제로 죽었다. 창과 못에 찔려 피를 흘리고 더 이상 호흡할 수 없게 되어 완전히 생명이 끊어졌다.

그 예수 그리스도의 죽음이 있었기에 예수는 다시 부활할 수 있었다. 부활은 죽음으로부터 나오는 열매이다. 예수님은 당신의 죽음을 통하여 부활한다는 그 진리를 이렇게 말씀하셨다. “내가 진실로 진실로 너희에게 이르노니, 한 알의 밀알이 땅에 떨어져 죽지 아니하면 한 알 그대로 있고 죽으면 많은 열매를 맺느니라"(요한복음 12:24).

순교자는 자기의 죽음을 선언한 사람이다. 자기가 죽은 사람은 고난을 받는 것을 감수하는 사람이다. 이것은 신령한 의미를 가지면서도 동시에 윤리적인 행동을 요구하는 절정이라고 할 수 있다. 왜냐하면 이것을 예수님이 친히 보여 주었고 윤리적인 삶으로 나타내 보여주었기 때문이다.

그리스도인은 죽음으로 산다. 죽지 않고서는 예수의 부활 생명에 참여할 수가 없다. 예수 그리스도가 십자가의 죽음을 통해서 부활의 영광에 이른 것은 우리도 죽어야만 부활할 수 있다는 사실을 깨닫게 하기 위함이다. 그래서 별세의 영성은 죽음을 강조한다. 죽어야 예수 그리스도의 부활 생명이 우리 안에서 역사한다는 것이다. 사도 바울은 바로 이 진리를 이렇게 요약했다고 이중표 목사는 말하고 있다. "내가 그리스도와 함께 십자가에 못박혔나니 그런즉 이제는 내가 산 것이 아니요, 오직 내 안에 그리스도께서 사신 것이라"(갈라디아서 2:20). 우리 자신이 예수님과 함께 십자가에서 죽어야 그때부터 우리 안에서 부활하신 예수께서 사신다는 것이다. 우리가 죽지 않으면 부활하신 예수께서 사실 수 없다. 자기 죽음의 긍정이 이 순간 예수 부활의 시작이다. 그리하여 이중표 목사는 순교자의 영성을 말하면서 순교를 자기의 죽음으로 설명한다.

이중표 목사에 따르면 순교자의 영성을 가진 지도자는 첫째, 하늘이 보낸 소명의식을 가진 자로 규정된다. 소명의식을 가진 지도자만이 순교자가 될 수 있다. 그에 따르면 지도자는 하나님이 세우고 하나님이 버리신다. 그러므로 지도자는 하나님이 나를 지도자로 세웠다는 소명의식으로 살아가야 함을 역설한다. 그리고 언제나 하나님의 뜻을 먼저 헤아려야 하며 무릎을 꿇고 겸손히 하나님의 음성을 기다려야 한다. 이 소명의식을 가진 지도자는 살아도 주를 위하여 살고 죽어도 주를 위하여 죽는다. 따라서 그는 "이처럼 위대한 지도자는 하나님의 뜻을 따르는 자요, 자기 스스로를 역사의 핵으로 여기며 사는 자입니다"라고 말한다.[101]

둘째, 지도자는 남을 섬기는 자로 규정된다. 이중표 목사는 다음의 예수 그리스도의 말씀을 근거로 제시한다. "너희 가운데 누구든지 위대하게 되고자 하는 자는 너희를 섬기는 자가 되어야 하고, 으뜸이 되고자 하는 사람은 모든 사람의 종이 되어야 한다." 남을 섬김으로 말미암아 으뜸이 되고, 섬기는 일로 인해 위대한 자가 된다. 그러므로 진정한 지도자는 섬기는 대상의 범위가 넓고 깊은 사람이라고 이중표 목사는 본다.

셋째, 지도자는 자기 자신을 희생하는 정신을 가진 자이다. "인자가 온 것은 자기 목숨을 많은 사람의 대속물로 주려 함이니라"고 예수 그리스도는 말했는데, 그것이 바로 지도자상이라는 것이다. 대속물로 주려 한다는 것은 다른 사람을 살리기 위해 내가 죽는 것이다. 자기를 죽인 자만이 진정한 지도자가 될 수 있다. 그러므로 지도자의 길은 십자가의 길이다. 지도자는 예수 그리스토처럼 십자가 위에서 자기를 죽여야 하고 그 죽음을 영광으로 생각해야 한다.

이중표 목사는 이런 지도자상을 예수 그리스도가 보이셨다고 말한다. 예수님은 십자가에서 자기를 죽임으로써 참다운 지도자의 모습을 보였고 제자들에게 이 길을 따르게 했다. "한 알의 밀이 땅에 떨어져 죽지 아니하면 한 알 그대로 있고 죽으면 많은 열매를 맺느니라"(요한복음 12:24).

따라서 이중표 목사는 지도자 최대의 영광은 십자가 위에서 자신을 죽이는 순교자가 되는 데 있다고 본다. 그는 말한다. "모든 사람들이 감동하며 영원히 그 지도력이 살아 있는 지도자는 바로 순교자입니다. 하나님은 어느 시대나 지도자를 찾고 계십니다". 우리가 주님을 참으로 사랑한다면 주님을 위해 죽고 싶은 마음이 우러나와야 한다. 여기서 순교가 이루어진다.[102)]

순교자는 최고의 증인이다. 오늘 이 시대의 순교자가 십자가에서 자기 죽음을 선언하고 정욕과 욕심을 못박아 버리며 오직 예수로 산다면 그는 모든 것을 배설물처럼 여기고 주님을 사랑하고 헌신하면서 최고의 행복을 얻게 된다. 그래서 예수님은 "누구든지 나를 따라오려거든 자기를 부인하고 자기 십자가를 지고 나를 좇으라"고 말씀하신 것이다. 이를 통해 순교자는 하나님의 영광을 보여준다. 하나님을 믿는 지도자는 행복한 지도자이다. 또 다른 사람을 행복으로 인도하기 때문에 사람들이 그를 보고 그를 변화시킨 하나님에게 영광을 보낼 것이다. 그리고 그는 위대한 지도자로 영광을 받을 것이다. 이 영광은 하나님을 온전하게 증거하는 진정한 증인으로서 지도자를 세워준다. 그러므로 지도자가 복음을 증언하고 예수 그리스도를 증거하는 가장 좋은 최고의 방법은 순교자가 되는 것이라고 이중표 목사는 말한다.[103)]

빚진 자의 영성

이중표 목사는 순교의 개념과 함께 별세의 영성적 측면을 '빚진 자' 의 개념으로 설명하고 있다. 이는, "병들면 빚진 자가 된다"는 글과 「별세의 지도자」에서 빚진 자의 영성을 말한다. 먼저 "병들면 빚진 자가 된다"에서 이렇게 길게 술회한다.

> 병들면 빚진 자가 된다. 병들어 누우면 다른 사람의 도움 없이는 살 수 없다. 가까운 가족에게 먼저 도움을 받아야 한다. 자립정신으로 일생을 아무리 잘 살았다 해도 병드는 순간 그는 주변 사람들에게 빚진 자로 살아야 한다. 사람이 살아 온 날들을 회상하면 어린 시절로부터 오늘까지 빚진 자로 살아온 것을 부인할 사람이 없다. 어린아이는 세상에 태어나는 순간 어머니의 도움 없이는 살 수 없다. 어머니 가슴의 생명의 젖줄 없이 어찌 살 수 있으며 따뜻한 손길이 없이 어떻게 성장할 수 있는가? 그뿐인가. 내가 병들었을 때 부모형제의 도움이 없이 어떻게 살아날 수 있겠는가? 그저 빚진 자일 뿐이다.[104]

그는 병상에 누워 지내며 너무도 많은 빚을 지고 살아왔다는 것을 깨달았다. 먼저 아내에게 빚진 자임을 깨달았다. 평생 동안 그녀는 몸이 아파 병원에 간 일이 없었다. 자기만 병원에 누워 연약한 아내의 그지없는 사랑의 도움을 받았다. 밤이면 환자 곁에서 잠 못 이루며 보호하는 두 달간의 긴 시간을 보냈다. 그러다 자기 같은 무정한 사나이도 생각하면 할수록 눈물이 비가 오듯 쏟아진다고 고백한다. 또한 자기를 '살려달라' 고 금식한 동료 목회자들과 장로님, 성도들, 눈물 뿌려 기도하던 주 안에 있는 형제들의 기도가 빚임을 깨달았다. 그래서 그는 고백한다.

> 그 빚을 무엇으로 보답할 것인가. 애간장을 태우며 기도하던 교회 성도들의 그 눈물을 어떻게 보답한단 말인가. 나는 입원할 때마다 성도들에게 근심을 끼쳤으니 빚진 목자로 남다른 은혜를 입은 것이다. 이제 살아나는 날 그 빚을 무엇으로 보답할 것인가. 갚을 길이 없는 것은 분명하다. 인생은 누구나 빚진 자로 죽을 뿐이다.[105)]

일반적으로 교회는 민중을 불쌍하게 생각하고 동정한다. 그러나 가난하다는 이유로 그들을 동정하는 것은 잘못이라고 이중표 목사는 본다. 그들은 동정할 대상이 아니다. 그들은 하나님의 형상을 가진 우리의 형제들이다. 가난하다고 동정하는 것은 물질을 기준으로 사람을 평가하는 일이다. 예수 그리스도는 자신을 민중과 동일시했다. 그는 죄인이 있는 곳으로 찾아갔고 언제나 민중을 찾아갔다. 민중은 예수 그리스도가 돌보고 도와줄 사람들이었다. 이중표 목사는 예수에게 진 빚을 그들에게 갚아야 할 의무가 있다고 말한다. 그들을 동정하는 것이 아니라 예수 그리스도에게 진 것을 갚는 의무로 이해한다. 이중표 목사에 따르면 "은혜는 위로 하나님에게서 받고, 땅에 있는 예수의 형제로 서 있는 민중에게 갚아야 한다". 은혜는 은혜를 빚으로 받는 것이다. 우리가 가진 것은 빚이요, 필요한 자가 곧 임자가 된다. 배운 사람은 배웠기 때문에 배운 지식

이 빚이요, 가진 자는 필요한 자에게 주어야 할 빚진 자라는 생각이 빚진 자의 영성이다.[106)]

헨리 나우엔은 "인생은 누구나 죽을 때 남의 도움으로 죽는다. 그리고 도움을 준 사람도 남의 도움으로 죽음에 이른다. 그래서 빚진 자의 삶은 역사를 이어가는 것이다"고 말한다.[107)] 그러므로 사람에게 다 갚을 수 없고 죽을 때까지 빚진 자로, 죽는 인생에게 하나의 빚진 자의 신앙 고백으로 새로운 세계를 얻어야 한다. 이것이 별세의 빚진 자의 영성이다.

이중표 목사는 빚진 자의 영성을 사도 바울의 "헬라인이나 야만이나 지혜 있는 자나 어리석은 자에게 다 내가 빚진 자라"(로마서 1:14)고 고백한 말씀을 읽는 순간 더욱 분명하게 깨닫게 되었음을 고백한다.

> 나는 그 자리에서 무릎을 꿇었다. 빚진 자의 말씀이 내 가슴을 흔들었기 때문이다. 나는 한량 없는 하나님의 은혜를 생각하며 울었다. 이 한 사람을 주의 종으로 만들기까지 창세 전 예정하신 그 뜻이 얼마나 오묘한가. 나를 비신자의 가정에서 불러내어 그리스도의 제자로 삼으시고 성령의 인치심으로 전도자가 되기까지 그토록 오랜 세월 인내하신 그 자비하심에 대한 빚이 얼마나 큰가. 이 종에게 예수 그리스도의 십자가의 희생을 아끼지 아니하신 하나님의 그 큰 사랑을 무엇으로 비교할 것인가. 빚진 자를 외치며 울었다. "주님, 이 종은 빚진 자입니다. 도저히 갚을 길이 없습니다.[108)]

이중표 목사는 사도 바울의 이 고백이 지도자들의 빚진 자의 영성이 되어야 할 것을 강조한다. 그에 의하면 모든 이들이 다 빚진 자다. 그가 병상에 있으면서 아내에게, 동료에게, 장로에게, 성도에게 빚을 지었다고 고백하였지만, 사실 그리스도인이 예수 그리스도에게 진 빚은 그 가치에 있어 비교할 수 없다. 예수는 우리의 모든 죄를 위해 십자가를 대신 졌다. 그의 두 어깨에 우리의 모든 죄를 담당하셨다. 채찍에 맞았다. 십자가 위에서 그의 살을 찢어주었고 피 한 방울 까지, 물 한 방울까지 다 나누어 주었다. 그 빚을 무엇으로 감당하랴! 그래서 이중표 목사는 외친다. "병든 몸일지라도 나는 복음에 진 빚을 조금이라도 갚아야 한다. 그리고 천국에 가야 한다. 내 병이 모든 사람에게 치유가 되어야 한다"고 주장하며 별세 영성이 말하는 빚진 자의 영성은 민중 선교를 지향한다.

민중 사역은 역사의 부조리와 상처를 치유하며 극복하려는 하나님의 구원사역이다. 이중표 목사에게서 민중 목회는 민중을 위한 행동이나 원조, 자선 프로그램이 아니라 가난한 자 속에 있는 예수를 만남으로 인류 구원을 성취하는 것이다. 예수는 우리가 민중 속에서 우리의 구원과 완성을 이루기를 바라신다. 그러나 민중 선교나 민중 목회는 민중의 계급 투쟁이나 권익 투쟁으로 되지 않는다. 민중과 가진 자들의 화해를 통해서 인류의 해방이 이루어진다. 그런데, 이 화해는 "가진 자들의 기득권 포기와 자기부정에서 나오는 자기희생으로 성취된다." 그러므로 교회는 민중 선교를 위해 스스로 가난해져야 한다.[109]

이런 민중 선교의 정신은 희년에서 드러난다. 이중표 목사는 희년을 민중 구원으로 보면서, 구약의 율법적 희년과(성령이 역사하는) 신약의 자원적 희년을 구분하고, 희년의 원리를 공동체의 원리로 간파한다. 이중표 목사에 따르면, 희년의 정신은 나눔의 정신이다. '나눔의 나라'의 시민인 그리스도인은 권력과 부의 독점을 거부하고 부와 권력을 나누는 민주화를 실현해야 한다.[110] 그리스도인은 민중 속에 있는 예수를 발견할 때, 그들과 함께 굶주리고, 병들고, 가난한 자 속에 있는 예수를 통하여 우리의 구원이 성취되는 사건을 체험하게 된다. 그러므로 지극히 작은 자요, 사회로부터 천대받는 민중을 예수의 형제로 인격화할 때 내 속에 있는 예수의 영성이 살아난다.

이중표 목사는 이렇게 결론 짓는다.

> 예수는 하나님 나라의 복음을 가난한 사람들에게 선포한 것과 똑같이 그 나라에서 이들과 함께 먹고 마실 것을 기대하셨다. 죄인으로 비난받던 사람들과 밥을 먹으며 어울림으로써 하나님 나라가 이들의 것이라는 것과, 그렇게 함으로써 하나님의 나라가 실현되는 것을 보여주었다. 가난한 자에게 은혜의 복음으로, 포로된 자에게 해방을, 눈먼 자에게 보게 함을, 눌린 자에게 자유를 주는 밥이 되어 주셨다. 결국 복음을 필요로 하는 모두에게 생명의 밥이 될 수 있어야 한다.[111]

밥은 구원의 진리가 된다. 예수님은 스스로 '우리의 밥'이 되심으로써 우리의 구원을 이루셨다. '십자가의 길은 밥이 되는 길'이다. 예수를 밥으로 먹고 생명을 얻은 사람은 남에게 밥이 되는 십자가의 길을 감으로써 진정한 구원을 이룬다. "십자가에서 예수님을 만나고 구원을 얻었다면, 진정한 구원은 내가 밥이 되어 줄 때 이루어진다. 예수님은 지금도 주린 자, 목마른 자, 나그네된 자, 헐벗은 자, 병든 자, 지옥에 갇힌 자의 밥이 되어 주시고 저들의 십자가를 한몸에 지신다."[112)]

내가 남에게 밥이 됨으로써 진정한 구원을 이룬다는 것은 결코 자력 구원이나 타력 구원의 이분법적 논리로 평가될 수 없다. 십자가에서 죽고 오직 예수의 생명으로 산다고 할 때 이중표 목사는 오직 믿음으로 구원받는다는 교리를 따른다. 그러나 이중표 목사에게 예수는 단순히 믿음의 대상으로 머물지 않고, 믿는 이의 삶 속에 살아 있어서 예수와 하나가 되어 예수의 삶을 사는 곳이다.

민족의 영성

별세의 영성은 민족의 영성이다. 이중표 목사가 말하는 지도자에게 요구되는 민족의 영성은 무엇일까? 이것은 그가 「신앙세계」 6월호에 게재한 "별세의 애국"이란 글에 나타난다.

> 해방과 함께 한반도의 허리가 잘린지 61년, 우리 민족은 세계 유일의 분단국가로 남아 있다. 남북은 서로를 향하여 총구를 겨눈 채 핵 문제와 경제지원을 둘러싸고 대립과 갈등을 계속하고 있다. 민족의 화해와 평화, 교류와 협력, 연대와 통일은 5천 년 민족사의 최대 과제가 되고 있다. 이것은 한국 교회와 그리스도인의 사명이기도 하다.[113)]

그는 한국 교회 안에 민족통일의 사명에 대해 양분된 시각이 있음을 지적한다. 보수적인 신앙을 가진 이들은 민족의 앞날을 미국에 의존하고자 하는 경향이 있다. 미국은 우리 민족에게 우방이다. 우리에게 선교사를 보내 복음을 전해주었고, 우리 민족이 일본의 식민지 지배로부터 벗어나도록 도와준 연합국이다. 전쟁 후 가난했던 시절, 식량을 원조해 주었고 군사 안보를 확보해 주고 경제개발을 도와 이 민족이 후진국에서 벗어나도록 해주었다.

다른 한편 진보적 신앙을 가진 이들은 민족의 자주적 역량이 우리 민족과 나라를 지켜줄 것이라고 믿는다. 그러므로 외세의 간섭을 벗어나 독자적인 정치와 군사의 힘, 외교적 노선을 가져야 할 것이라고 생각한다.

그러나 복잡한 국제질서 속에서 스스로의 힘만으로 살아남기 어려운 세계화 시대를 우리는 살고 있다. 민족의 역량을 키워가야 하겠지만 그것으로 이 민족의 앞날이 보장되는 것이 아니다. 그는 말한다. 미국에 대한 정치적 의존이나 민족의 독립적 역량 강화가 이 민족을 지켜주는 것이 아니라 오직 하나님만을 의지할 때 이 민족은 살아나게 될 것이라고 말이다.

예수 그리스도의 믿음과 사랑과 소망이라는 통전적인 신앙만이 이 민족을 살릴 것이다. 그래서 그는 민족을 살리는 믿음을 강조한다. 나라가 어지러울 때 사람들은 저마다 자신들의 목소리를 낸다. 정치가들은 정치가 나라를 살린다고 열변을 토하고, 기업가들은 경제의 발전만이 나라의 번영을 가져온다고 주장한다. 군사 전문가들은 국방력의 강화만이 나라를 살릴 것이라고 말한다. 또 교육자들은 새로운 지식과 교육만이 새로운 조국을 건설한 토대라고 한다. 진보적 사상가들은 사회의 개혁을 통해서만 나라가 산다고 강조한다.

그러나 이중표 목사는 2천 년 교회의 역사와 유구한 세계사의 경험을 통해 본다면 역사의 흥망이 정치나 경제, 군사력에 달린 것이 아니라 근본적으로 인간의 죄 의식과 관련되어 있다고 보고 있다. 그리하여 죄를 이기는 믿음만이 민족의 역사를 지키고 이 나라를 지키고 살릴 수 있다고 이중표 목사는 주장한다.

그 믿음은 예수 그리스도를 믿는 믿음이다. 성경은 "그러므로 한 사람으로 말미암아 죄가 세상에 들어오고 죄로 말미암아 사망이 왔나니 이와 같이 모든 사람이 죄를 지었으므로 사망이 모든 사람에게 이르렀느니라"(로마서 5:12)고 말한다. 이중표 목사에 따르면, 이 민족을 서로 적대시하고 증오하게 만드는 죄의 문제는 결국 십자가에서 모든 죄를 담당하고 죽음에 대하여 부활로 승리한 예수 그리스도만이 담당할 수 있다. 십자가의 죽음으로만 부활의 영광에 이른다는 예수 별세의 복음을 믿는, 오직 그 믿음만이 민족을 오랜 적대와 갈등으로부터 구원할 수 있다는 것이다.

예수 그리스도는 십자가에 자신을 못 박은 원수들을 용서하면서 십자가의 죽음을 통해 부활의 영광을 누린 것처럼 우리 민족도 이르렀기에 예수 별세를 믿는 신앙으로만 6.25 전쟁과 오랜 분단으로 인한 민족의 증오를 치유할 수 있다고 이중표 목사는 생각한다. 그에 따르면, 이 민족이 평화를 회복하고 통일된 나라를 이루는 길은 오직 별세의 주, 예수 그리스도를 믿는 신앙으로만 가능하다는 것이다. 별세 영성은 순교의 신앙이라 할 만큼 순교자의 영성이 깊은 차원에서 강조되고 감동을 불러일으킨다. 순교자는 죽음으로 말하고 그의 피로써 증언한다. 우리는 우리 민족을 위하여 가정에서, 직장에서, 교회에서 그리고 사회에서 예수를 따르기 위해 날마다 자기 십자가를 지고 자신을 부인하는 순교의 삶을 살아야 한다. 그러나 그것은 인간의 능력으로 이룰 수 없다고 이중표 목사는 본다. 그것은 성령의 능력에 의하여 가능하다.

또한 이중표 목사는 민족을 살리는 사랑을 강조한다. 그에 따르면 우리 민족이 살아나는 길은 이 민족의 가슴속에 사랑이 심어지는데 있다. 언제부터인가 우리 마음속에는 서로를 미워하는 독이 들어왔다. 그것은 외세의 침략과 지배를 받는 동안 민족의 자주와 독립을 위해서 싸우는 과정에서 생긴 독이다. 남북 분단과 민족상잔의 전쟁으로 말미암아 동족을 원수로 여기는 독도 들어왔다. 오랜 군사독재의 지배 아래에서 인권과 민주화를 위해 싸우는 과정에서 응어리진 한이 독이 되기도 하였다. 우리 민족에게서 이 독들이 치유될 때만이 참된 해방과 화해, 평화가 온다. 이 모든 독이 빠지기 위해서는 예수 그리스도의 사랑이 들어가야 된다.

예수님은 자기 몸을 희생해서 죽어서 사랑으로 부활에 도달했다. 죽음으로 이스라엘 민족을 살리고 로마를 변화시켰으며 인류를 구원했다. 그리하여 이중표 목사에 따르면 오직 자기를 희생하는 별세의 영성만이 한 영혼을 구원하며 한 민족을 살려낼 수 있다. 우리 그리스도인들이 예수 그리스도께서 주신 사랑을 회복해야 한다는 것이다. 교회 공동체 안에서 서로 사랑하며 예수 그리스도를 통해 나타난 하나님의 사랑을 이 민족사회에 증거할 때 우리 국민의 심성에서 독은 빠져나가고 치유의 놀라운 역사가 일어날 것이라고 그는 주장한다.

마지막으로 이중표 목사는 민족을 살리는 소망을 말한다. 그에 따르면 오늘날 이 사회의 지성인들은 그가 지닌 지식의 노예가 되어 이 민족의 부정적인 점만 들춰내고 있다. 신문과 방송, 인터넷 매체 등 언론을 통해서 접하는 이 민족에 대한 앞날은 암울하기 그지없다. 조금만 경제가 어려워져도 나라가 망할 것 같이 말하고, 남북 간에 작은 긴장만 생겨도 일촉즉발 전쟁이 생길 것처럼 과장한다.

그러나 그토록 온갖 지성인들이 비판하고 경고했어도 이 나라는 망하지 않았고 이 민족은 아직까지도 건재하다. 이중표 목사에 따르면 그것은 이 민족을 붙드시고 이 나라를 지키시는 분이 하나님이시기 때문이다. 그러므로 그리스도인은 희망을 버리지 말아야 한다. 예수 그리스도는 십자가에 죽으셨으나 죄와 죽음을 이기시고 사흘 만에 부활하셔서 오늘도 살아계신다. 예수 그리스도가 살아계신 한 우리 그리스도인에게는 어떠한 상황 속에서도 희망은 있다.

빌리 그레이엄 목사는 복음을 들고 이 나라를 방문하여 여의도 광장에서 이렇게 외쳤다. "캐나다에 갔습니다. 아침 새 소리에 잠을 깼습니다. 일본 동경에 갔습니다. 자동차 엔진 소리에 잠을 깼습니다. 한국의 서울에 왔습니다. 새벽 교회의 종소리에 잠을 깼습니다. 세계의 희망은 한국에 있습니다. 새벽에 깨어 기도하는 나라, 새벽을 하나님 앞에 바치는 나라, 코리아가 세계의 희망입니다."

우리 그리스도인이 깨어 기도하는 한 살아계신 하나님께서 이 나라를 지키고 이 민족을 살려주실 것이라고 이중표 목사는 말한다.

이중표 목사는 민족 해방에 대한 이해를 통해 정치생활의 한 면을 다음과 같이 기술하고 있다.[114] 우리 민족이 해방된 것은 하나님의 은혜이며 이로써 대한민국이 독립국가이며 자주민임을 세상에 알리게 되었다는 것이다. 그러나 이러한 선언만이 아니라 실제로 자주민의 정신을 가져야 한다고 그는 말한다. 이것을 얻기 위해서 할 일은 사상운동도 아니고 정치운동도 아니고 신앙운동이라는 것이다. 이러한 맥락에서 민족의 회복을 이루어야 한다는 주장이다. 이를 통해 우리 민족은 성민(聖民)으로 회복되어야 하고, 평화의 민족으로 회복되어야 하고, 자유민으로 회복되어야 한다는 것이다. 이것은 순수한 의미의 정치생활이라기보다는 오히려 신앙의 맥락에서 정치를 승화시키는 것이라고 할 수 있다.[115]

이중표 목사는 특별히 희년에 대해 깊은 관심을 가지고 있다. 하나님의 사람들은 예수 그리스도의 화해가 실현되는 하나님의 평화가 임하는 구속적 새 역사의 실현으로 희년을 봐야 한다고 이중표 목사는 말한다. 따라서 한국 민족의 통일은 구약의 희년의 선포이며, 예수 그리스도의 선교 사역의 구체적 실현이 되어야 하는 것으로 보고 있다. 그는 이러한 희년의 도래를 위해 하나님의 은혜를 겸손히 기다리자고 호소한다. 그리고 그는 예수님을 본받아 우리도 부패한 정치 지도자 때문에 울어야 하며, 타락한 민중 때문에 울어야 하며, 타락한 종교 지도자들 때문에 울어야 한다고

역설한다.[116)]

한국(아시아)에서는 자아의 변화를 추구하는 도덕과 종교가 발달했다. 자기를 비우고 신과 합일하여 신을 체험하는 아시아의 종교적 전통은 별세의 신학과 영성을 위해 풍성한 바탕이 되는 것 같다. 별세의 신학이 자기부정과 죽음을 강조하고 예수와 더불어 죽고 더불어 사는 '예수와 나의 일치와 동화'를 내세운 것은 동양적, 한국적 사고방식이 반영된 것 같다. 이중표 목사의 이러한 사상은 '예수 스스로가 애국자'였다는 시각에서 구체화하며 출발 하고 있다. 예수님은 예루살렘 성을 바라보시며 잃어버릴 평화, 훼파될 성을 안타까이 여기시며 우셨다(눅 19:41-44). 예수님 주변에 이스라엘의 애국자들이 제자로 모여든 것도 예수님의 민족을 사랑하는 마음과 깊은 연관이 있다고 볼 것이다. 예수님의 제자들은 부활하신 예수님에게 이스라엘의 회복에 대하여 물었으며, 사도행전은 예수님이 그 제자들의 말을 경청하셨음을 증언한다. 다만 그 애국이 이스라엘 하나의 민족을 사랑하는 애국으로부터 민족의 담을 넘어 온 세계로 확대되는 비전을 담고 있다는 것이 다를 뿐이다.

예수님이 제시한 애국의 비전은 예루살렘과 유대의 울타리를 넘어 사마리아와 땅 끝까지 이르는 것이었으므로, 이중표 목사의 해석에 따르면 예수는 애국적 제자들에게 성령의 임재를 통해 하나님 나라의 애국자가 되고, 하나님이 주시는 권능으로 이스라엘 민족을 구원하며, 민족의 울타리를 넘어 땅 끝에 이르는 온 세계를 구원하는 세계의 애국자가 될 것을 명령하였다. 예수의 애국심이 이스라엘 민족 역사에 임하고, 성령의 역사와 함께 제자들을 통하여 시간과 공간을 초월하여 마침내 우리나라에서까지 임하였다.

복음을 받아들인 우리 신앙 선열들은 그 예수님에게 하나님 나라의 애국심과 민족애를 동시에 배웠다. 깊은 신앙심과 철저한 애국심은 서로 뗄 수 없는 관계에 있다. 신앙 선열들에게 주님을 사랑하는 마음은 민족을 사랑하는 마음과 통한다. 이중표 목사에 따르면 예수를 그리스도로 믿는 신앙을 내면적 고백으로 끝내지 않으며 신앙의 고백을 현재의 구체적인 삶 속에서 실제적으로 고백한다. 그 실제적 고백이 민족 사랑의 영성으로 나타날 수 있다는 것이다.

4. 별세 영성의 목회

목회자의 기본적인 활동과 사역은 목회이다. 그 바탕에서 이중표 목사는 그의 별세 영성을 깨닫고 적용해 나갔다. 그 적용 과정은 신학을 설파한 것이 아니라 영성적으로 적용한 것이었다. 그래서 필자는 그의 목회의 패러다임을 별세영성의 목회라 규정한다. 목회의 영성적 측면에서 그는 '별세'를 주장했고 이를 목회 철학뿐 아니라 실천적 측면에서도 실행했다. 별세의 영성이 목회에 반영되었을 때 어떤 목회의 형태로 나타나는가? 여기서는 이 문제를 구체적으로 다뤄보고자 한다.

1. 별세 영성의 비전

이중표 목사는 별세의 영성을 통해 그리스도인이 누리며 살 하나님의 나라 혹은 축복에 대한 상을 비전으로 제시한다.

이중표 목사의 별세 영성이 가지는 비전을 정리해 보면, 변화의 비전, 행복과 건강의 비전, 예수를 살리는 비전, 교회를 살리는 비전, 세상을 살리는 비전 등 크게 5가지로 정리할 수 있다.

첫째, 별세 영성은 변화의 비전이다. 우리 안에서 살아있기 위해서는 예수를 우리가 모셔야 한다. 예수와 함께 우리가 죽으면 그는 우리 안으로 모셔지고 그가 우리의 주인으로 살게 된다.

> 내가 그리스도와 함께 십자가에 못 박혔나니 그런즉 이제는 내가 산 것이 아니요 오직 내 안에 그리스도께서 사신 것이라 이제 내가 육체 가운데 사는 것은 나를 사랑하사 나를 위하여 자기 몸을 버리신 하나님의 아들을 믿는 믿음 안에서 사는 것이라 (갈라디아서 2장 20절).

예수와 함께 과거의 나를 죽이고 예수의 부활과 함께 새로운 존재로 되는 별세를 하면 예수의 부활과 함께 새로운 존재가 되는 별세를 체험하고, 그리스도인은 예수를 가슴 안에 모시게 된다. 예수를 모시는 일은 오늘날 실존적으로 예수의 십자가 죽음과 부활 사건이 우리 신앙에서 현재화되는 일인데 이것이 별세의 사건이다. 별세의 사건이 일어난다. 예수의 인격을 갖게 되고, 예수의 인격이 우리의 삶으로 나타나며, 이 변화된 삶을 통해 예수의 살아있는 역사가 나타난다는 것이 이중표 목사의 주장이다. 그러한 별세한 그리스도인들을 보면서 세상 사람들은 지금도 살아있는 예수를 경험하게 될 것이다.

사람이 새로운 존재로 변화하면 그의 삶이 새로워진다. 누구나 사람은 새로워지길 원한다. 별세는 기존의 사고 속에서 일상사에 매몰되어 세월을 흘러보내는 삶이 아니라 의미있고 희망을 추구하는 삶으로 전환시킨다 따라서 별세는 변화의 비전을 우리에게 갖

게 한다.[119]

둘째, 행복과 건강의 비전이다. 이중표 목사는 그리스도인이 예수의 마음과 인격을 가지면 행복해진다고 말한다. 그러므로 교회는 그리스도인들에게 예수의 인격을 닮아서 누리는 복음을 선포해야 한다. 별세의 복음이 선포되면 교회 공동체는 주님이신 예수의 삶을 따르는 진정한 제자들의 공동체가 될 것이다.

셋째, 예수를 살리는 비전이다.[120] 예수가 살아있기 위해서는 그리스도인이 예수를 모셔야한다. 예수와 함께 죽으면 그는 우리 안으로 모셔지고 그가 우리의 주인으로 살게 된다(갈라디아서 2:20). 예수는 우리 안에 살아계시며, 우리는 그의 가치관에 따라 예수의 인격을 갖게 되고, 그 그리스도적 인격이 우리의 삶으로 발현되며, 이 삶을 통해 예수의 살아있는 역사가 나타나는 것이다. 이는 그 예수를 과거의 존재로 매몰시키지 않고 오늘날 역사에서 생생하게 일하는 살아있는 존재로 만든다. 그래서 이중표 목사는 별세의 영성은 예수를 살리는 비전을 가진다고 말한다.

넷째, 별세 영성은 교회를 살리는 비전이다.[121] 교회가 살려면 올바른 복음이 선포되어야 한다. 교회는 그리스도인들에게 예수의 인격을 닮아서 누리는 복음을 선포해야 한다. 별세의 복음이 선포되면 교회 공동체는 주님이신 예수의 삶을 따르는 진정한 제자들의 공동체가 될 것이다. 예수의 십자가와 부활을 재현하는 공동체는 예수를 증거하는 증인의 공동체이다(사도행전 1:8). 교회가 예수의 십자가와 부활이라는 핵심 아래 복음을 바로 이해하고 제자를 양성하며 예수의 인격을 보여주는 증인 공동체가 될 때 교회는 살아난다.

다섯째, 세상을 살리는 비전이다.[122] 제자들은 예수 그리스도의 별세하는 삶을 따랐다. 그 별세의 삶을 따라서 제자들은 자신을 살렸다. 제자들은 자기를 살릴 뿐 아니라 예수의 사건을 세상에 전했다. 세상 사람들이 예수의 삶과 사건을 실천하게 되었으며 또한 그들을 만나는 사람마다 살려졌고 민족들이 살려졌고 지금 세상이 살려지고 있다. 그 별세의 복음이 확장되면 세상은 더욱더 살려질 것이다. 별세 영성은 세상을 살리는 이러한 비전을 가지고 있다.

2. 별세 영성 목회의 6대 사역

"별세의 목회"는 별세한 목회자가 양들을 위해 하늘의 생명, 즉 예수 그리스도의 생명을 받아 양들을 낳고 기르는 '살림의 목회'이다. 이것은 양들이 건강하게 푸른 초장에서 즐겁게 뛰어노는 것을 보고 기뻐하는 목자처럼 별세의 목회는 불행한 인간을 복음의 능력과 생명력으로 행복하게 하고 숨을 쉬게 하고 기쁘게 만드는 목회이다. 그것은 날마다의 삶을 축제로 만드는 목회이다. 이중표 목사는 이런 목회를 놀이 목회로 표현한다.[123]

이중표 목사의 목회 신학에서 매우 중요한 한 가지 특징은 로버트 슐러의 '적극적 사고', 즉 논리 속에 깃들인 심리주의적 신념 체계를 성령의 역사란 말씀에 근거하여 '별세 영성'과 조심스럽게 구별하는 것이다. 이중표 목사의 별세 영성이 통찰하는 위와 같은 깊은 통찰은, 실용주의적 심리학과 자본주의적 기업 정신이 '삶의 자리'가 되어 형성된 미국의 선교 신학에 경종을 울리는 예언자적인 통찰이라고 높이 평가된다.[124] 그러므로 별세의 목회자는 그리스도인들이 예수 그리스도 안에서 목자이신 하나님을 그들의 목자, 생명의 원천, 행복의 근원, 삶의 전임을 인식하게 하고, 믿게 하며 전존재(全存在)로 고백하도록 말씀을 새기고 먹이고 양육하는 목회를 해야 한다고 이중표 목사는 말한다.[125] "목사는 교인들을 행복하게 만들어 주어야 한다"라고 강조하며 교인들을 행복하게 할 수 없다면 목회를 할 필요가 없다는 것이다.

그러나 이 행복은 낭만적 감상주의나 값싼 은혜에서 나온 것이 아니다. 그것은 예수 안에서 별세한 목회자를 통해서 해산된 별세한 신앙 공동체가 누리는 값비싼 하늘의 기쁨이다. 이중표 목사에 의하면 이러한 별세 공동체는 산상보훈 팔복의 '별세의 행복'을 누리고 '별세의 기도'(주기도)를 드리고 '별세의 계명'(십계명)을 지키면서 믿음과 선한 싸움을 한다. 이중표 목사에 따르면 별세의 목회를 하기 위해 목사는 날마다 자신을 부정하고 죽이고 예수와 함께 살면서 예수가 그 자신의 주가 되어 그의 목회를 인도하시도록 절실한 기도를 바친다.[126]

이제 별세 영성 목회를 위한 다섯 가지 사역을 구체적으로 살펴보자. 먼저 별세 영성 목회는 하나님의 백성, 그리스도의 몸, 성령의 전으로서의 교회를 만드는 것으로 예배와 인격, 살림 등 세 가지의 사역을 행한다. 하나님의 백성으로서 그리스도인들은 끊임없이 자기를 부인하고 죄와 정욕으로부터 떠나 성부 하나님의 거룩한 성에 도달한다. 이를 위해 교회는 예배와 기도를 드리는 예배 사역을 한다. 또한 예수의 몸으로서 교회는 성자 그리스도의 사랑을 교인들의 인격으로 훈련하고 실천하는데, 이것은 인격 사역 즉, 훈련과 교제 사역이다. 성령의 전으로서 교회는 성령 하나님의 전이 되어 하나님의 능력 안에 거하면서 세상 사람들을 살리는 살림 사역을 한다. 이 사역은 구체적으로 전도와 봉사 사역이다. 이 세 가지 사역을 통해 교회는 삼위일체되신 하나님의 사역과 능력 속에서 사람들을 구원한다.

앞서 교회론을 살펴보면서 언급한 바와 같이 이중표 목사는 교회의 예배 사역, 인격 사역, 살림 사역 이 세 가지 사역을 교회론에서 개념화 하였다. 이 개념들을 목회적 차원에서 예배, 훈련, 교제, 전도, 봉사로 세분화하였다. 이 다섯 가지 사역에 대해서 살펴보겠다.

예배

예배 사역에는 하나님의 부름을 받은 백성들이 하나님에게 드리는 예배와 기도가 포함된다.[127] 이 사역은 우리를 불러주신 초월자 성부 하나님께 드리는 예식이다. 예배는 한마디로 하나님께 드리는 것이다. 예배는 창조자이시며 그리스도 안에서 우리를 먼저 사랑하시고 하나님 나라에 이르도록 이끄시는 하나님께 감사와 찬송을 통해 경배하는 의식이다. 이 의식은 어떤 의무적인 일이 아니라 하나님의 은혜에 기쁨과 감사의 마음을 드리는 자발적인 응답의 표현이다.

예배는 감사와 찬송뿐 아니라 하나님께 영광을 드리는 의식이다. 감사와 찬송은 입으로 드리지만 영광은 몸으로 표현한다. '영광스런 하나님 영광을 받으소서' 라고 입으로 말한다고 해서 영광을 드리는 것은 아니다. 이중표 목사에 따르면 우리가 별세하여 '나의 정욕을 십자가에 못 박고 새로운 존재로 태어나서 이제는 내가 사는 것이 아니요, 내 안에 계신 그리스도로 사는 것이라' 고 고백하고 그렇게 삶을 영위할 때 우리는 하나님께 영광을 드릴 수 있다.

예수는 사랑의 행위를 통해 사람들로부터 영광스런 존재로 칭송되고 있다. 그가 우리 안에 있어서 우리가 그의 지배에 따라 행동한다면 우리는 예수의 삶을 살고 영광스런 존재가 되고 사람들은 우리를 보면서 우리를 변하게 하신 하나님의 영광을 찬양할 것이다. 그리하여 교회는 예배 사역을 통해 그리스도인들이 성부 하나님께 가까이 가게하고 그의 속성인 거룩함을 실현하게 해야 한다. 이 예배 사역을 통해 교회는 하나님의 백성의 공동체가 된다.

우리가 떠남, 삶, 살림이라는 별세의 3단계 아래서 이해한다면 예배 사역은 첫째 단계인 떠남을 이루는 과정이다. 자기의 정욕과 죄로부터 떠날 때 우리는 하나님의 백성이 되기 때문이다.

기도

예배와 더불어 우리는 하나님께 기도를 드린다. 기도에서 우리는 하나님께 소원을 말하기도 하지만 기도 응답 과정을 통해 하나님과 대화하고 하나님의 뜻을 인식하고 그것을 실현한다. 예수 그리스도가 가장 모범적인 기도자인데 그는 기도를 통해 자신의 요청을 하나님에게 드리지만 결국 하나님의 말씀을 듣고 깨달으며 하나님의 뜻을 따른다. 기도는 하나님의 사명을 완수하게 하고 하나님의 뜻을 이루게 한다. 그러므로 우리는 기도를 통해 내 뜻이 아니라 하나님의 백성으로 만드시는 하나님의 뜻을 간구해야 한다.

기도 시간은 예수님을 만나는 시간이라 할 수 있다. 기도는 우리를 변화시켜 하나님의 생각과 하나님의 소원과 하나님의 사랑으로 살 수 있도록 만들어 준다. 회개 기도를 할 때 영성이 더욱 성장한다. 주님께로 방향을 세우는 자기부정과 자신의 마음을 비우는 일을 계속하여야 한다. 이런 기도를 통하여 영성이 성숙하여 진다. 또한 육신의 정욕과 이생의 모든 것을 짜내는 기도가 필요하다. 육신의 정욕, 안목의 정욕, 이생의 자랑을 짜내는 금식 기도는 영성 개발에 도움이 된다. 그러나 금식 기도를 하고 영성에 도움을 얻지 못하면 의미가 없다.[128]

교제(친교)

이중표 목사는 친교라는 용어 대신 '교제' 라는 용어를 쓴다. 친교(교제)라는 말은 단순히 인사 잘하고 친하게 지내는 것을 말하지 않는다.[129] 한 몸으로서 다른 사람을 사랑하고 한 몸처럼 여기는 것이다. 한 몸이라는 것은 발이 아플 때 손이 그것을 느끼는 것을 말한다. 즉 친교는 함께 아파하고 함께 기뻐하고 사랑하고 이를 통해 함께 살아가는 것이다. 초대 그리스도인들은 바로 이 사랑의 교제를 실천했다. 이중표 목사는 그의 근거로 사도행전 2:44-47절을 인용한다.

> "믿는 사람이 다 함께 있어 모든 물건을 서로 통용하고 또 재산과 소유를 팔아 각 사람의 필요를 따라 나눠 주고 날마다 마음을 같이 하여 성전에 모이기를 힘쓰고 집에서 떡을 떼며 기쁨과 순전한 마음으로 음식을 먹고 하나님을 찬미하며 또 온 백성에게 칭송을 받으니 주께서 구원 받는 사람을 날마다 더하게 하시니라."

이중표 목사는 초대 교회는 예수를 진정한 교제의 모범으로 자기를 희생했기에 가능했다고 말한다.[130] 초대 교회는 진정한 공동체가 되기 위해 별세의 복음을 추구한 것이다.

봉사(섬김)

이중표 목사는 봉사 사역이 이루어지기 위해서는 성령이 함께 해야 함을 기본적으로 전제한다.[131] 그는 봉사를 '섬김' 이란 용어로 대신하는데, 교회는 성령의 전이 되어야 섬김을 실천할 수 있다고 본다.

섬김의 훈련은 손과 발이 움직이는 행동하는 훈련이다. 이는 성령이 임재하여 증인으로 외면화하는 훈련이다. 반면에 말씀 훈련이나 기도 훈련은 내면화하는 훈련이다. 다시 말하면 행동하는 섬김의 훈련은 밖으로 표현하는 훈련이므로 섬김은 낮아짐으로부터 시작된다. 이것은 자기 욕심과 감정도 비워야 하는 것을 의미하며 자기 욕심을 비우는 연습으로 헌금을 많이 드리는 훈련도 필요하다. 섬김의 훈련은 나눔에서 이루어지기 때문이다. 예수 그리스도는 필요한 자를 찾아 '나누며' 사셨다.[132] 이중표 목사는 이 삶을 목회에 적용하였다. 예수의 영성은 내 이웃과 나누며 살려고 하는 나눔과 성도의 교제를 통하여 나타난다. 나눔은 성도들이 주의 이름으로 함께 모여 교제할 때 예배는 찬양, 말씀, 기도의 나눔으로 이루어지며, 물질을 필요에 따라 나누는 훈련은 영성 개발에 큰 도움이 된다.[133]

인간은 높은 자리에 앉으려고 하고 대접 받으려고 하는 것이 속성이다. 예수 그리스도로부터 직접 훈련을 받았던 제자들도 그러했다. 그들은 예수 그리스도가 예루살렘으로 갈 때 누가 더 높은 자리를 차지할 것인가를 가지고 다투었다. 그러던 그들이 변화된 계기는 예수가 부활하고 마가의 다락방에서 성령을 체험한 후였다. 그들은 비로소 봉사의 자리, 섬김의 자리에 나서게 된다. 마침내 스승이 걸었던 봉사의 길을 함께 걸을 수 있는 참 제자들이 된 것이다.

이중표 목사의 해석에 따르면 생전의 예수께서 봉사의 삶을 위해 제자들을 가르치지 않은 것은 아니다. 예수는 여러 번에 걸쳐 봉사의 삶이 얼마나 중요한가를 가르쳤다. "인자가 온 것은 섬김을 받으려함이 아니라 도리어 섬기며 자기 목숨을 많은 사람들을 위한 대속물로 주려 함이라"(마태복음 20:28)고 가르쳤다. 또한 제자들에게 직접 발을 씻겨 주기도 했다. 예수 그리스도는 봉사의 본, 섬김의 본을 보여 준 것이다. 그런데도 제자들은 예수의 가르침을 알지 못했고 제대로 이해하지 못했다. 오히려 받으려는 모습만이 강하게 표출될 뿐이었다. 그러나 그들은 오순절의 성령 강림 후 비로소 섬기는 자들로 돌아온 곳이다.[134)]

이중표 목사는 오늘의 교회는 철저히 봉사의 공동체, 섬김의 공동체가 되어야 한다고 강보한다. "만약 교회가 예수 그리스도 안에서 별세를 실현하는 것을 그 목적으로 삼는다면, 교회는 오로지 교회의 내적 유지에만 관심을 쏟을 것이다. 교회가 세상을 살리는 '섬김'을 실천할 때 교회는 진정으로 세상을 살리는 별세의 공동체가 될 수 있다".

훈련(교육)

이중표 목사는 '별세는 예수 그리스도를 인격적으로 가르치고 배울 때 이루어진다' 고 확신한다. 한국 교회에서 이러한 예수 그리스도를 가르친 것은 제자 훈련이었다. 제자 훈련은 그런 점에서 유익한 교육의 방법이다. 그것은 소그룹으로 모이게 하고 예수 그리스도를 가르쳤다.

그러나 교회는 제자 훈련에서 한 걸음 더 나아가 목회자가 자신의 삶을 교인들과 나눠야 한다. 별세 신학은 단지 예수 그리스도를 가르치는 것이 아니라 그 예수 그리스도의 삶을 살도록 이끈다. 그리하여 그리스도인들이 자기를 부정하는 실천적 삶을 살도록 이끈다.

이를 위해 이중표 목사는 남을 비판하거나 남을 고치려는 노력보다는 자아의 죽음에 더 집중한다. 이중표 목사에 따르면 그리스도인은 명예와 이름, 남의 평판과 찬사까지도 버려야 한다. 그런데 인간적인 수양과 노력만으로는 그런 죽음에 이를 수 없다. 오직 믿음으로, 성령의 감동으로 자아의 진정한 죽음에 이를 수 있다. 또한 그저 생각만으로, 마음으로만 그런 죽음에 이를 수는 없다. 사회적인 삶 속에서 몸으로 별세의 삶을 살기 위해서 영적 수련과 단련의 과정이 요구된다.[135)]

별세한 사람은 힘있게 실천해야 한다. 실천 속에서 별세는 완성되기 때문이다. 예수님도 자기부정과 실천을 결합시켰다. "가족도 소유도 버리고 십자가를 지고 나를 따르라", "오른손이 하는 일을 왼손이 모르게 하라", "오 리를 가자면 십 리를 가라", "원수를 사랑하라"라는 말씀은 별세하지 않고는 결코 실행에 옮길 수 없다. 십자가에서 부활의 생명이 꽃피고, 초대 교회가 세워진 것은 그리스도교의 실천이 별세와 결합되어 있음을 말해준다.

이중표 목사는 예수가 했던 제자 훈련은 성서 지식을 전달하는 교육이 아니라 별세 훈련이었다고 말한다. 예수는 십자가에 매달려 죽으시고 부활하신 후에야 비로소 가서 제자 삼으라고 말씀하셨다. 그것은 예수께서 가르치신 궁극적인 진리가 자기 죽음이었기 때문이다. 다시 말하면 예수께서 먼저 죽으시고 스승이 되신 후 제자를 삼으셨다. 따라서 예수님의 제자는 교리나 윤리를 배우는 제자가 아니라 예수님과 함께 죽고 새 생명을 얻는 것을 배우는 제자인 것이다. 그는 교회가 자기 포기를 가르치지 않으면 예수를 믿고 더 욕심 많은 사람이 될 것이라고 염려한다.

따라서 '교회는 자기 탐욕과 감정으로부터 자유하는 법을 가르쳐야 한다. 자기 욕심을 비우고 헌금하는 법을 가르쳐야 한다. 더 나아가서 자기 몸을 남을 위한 제물로 내놓는 법을 가르쳐야 한다. 그래야 순교적 삶을 살 수 있기 때문이다. 따라서 별세의 교육은 성경 지식을 가르치는 교육이 아니라 예수님의 별세의 삶을 가르치는 교육이어야 한다.

그리스도교의 영성이 예수 그리스도의 인격과 삶이라면, 성경에서 케리그마를 알 때 비로소 영성이 개발된다. 그러므로 성경에서 예수 그리스도를 보고, 만나고, 모실 때 영성은 개발이 된다. 구약에는 예수를 본 사람들이 있고, 신약에서는 예수를 만난 사람들이 있다. 지금 우리는 예수님을 성령으로 우리 안에 모셔야 한다. 성경을 통해서 예수의 필요성을 절실히 인식하게 될 때 영성이 개발된다.

이중표 목사는 예수 그리스도의 별세와 목회자와 교인들의 별세를 구분하지만 분리하지는 않는다. 왜냐하면 예수와 그의 복음을 증언한 사도들과 목회자들, 신자들은 예수의 운명에 참여하도록 부름 받은 별세의 존재들이기 때문이다. 이 점을 강조하기 위해 이중표 목사는 예수가 홀로 십자가에 달리려고 온 것이 아니고 그와 함께 그의 제자들과 모든 목회자와 신자들까지 별세시키기 위해 선교하시고 십자가에서 죽으신 것이라고 한다. 예수 그리스도 자신이 별세했듯이 목회자들도 별세해야 한다. 별세의 목회자만이 별세의 복음을 바르게 효과적으로 증언할 수 있기 때문이다. 증언이라는 개념은 순교와 같은 의미라는 것이 강조되어야 한다. "목사는 교인을 고치려 하지 말고 목사 자신이 죽어야 한다. 목사 한 사람이 죽으면 그리스도인 전체가 목사와 함께 죽는다."[136]

목회자가 별세하지 않는 한 그리스도와 함께 죽고 부활해 새 생명의 축복을 누리는 진정한 생명의 공동체 즉 별세 신앙의 공동체는 형성될 수 없다. 별세 신앙의 공동체가 아닌 교회는 강도의 굴혈이 될 것이다. "강도의 굴혈이란 교회의 주인이 예수가 아니고 삶이 주인이 된 것을 의미한다."[137] 강도의 굴혈로 전락한 교회에선 죽어야 할 것들이 죽지 않고 제물로 바쳐져야 할 제물이 죽지 않고 살아서 온갖 갈등과 문제를 일으킨다. 이중표 목사는 한국의 목회자들은 그리스도인들을 출애굽 시켰지만 아직 하늘의 젖과 꿀이 흐르는 가나안에서 살도록 인도하지 못했다고 한다. 그들이 별세하지 못했기 때문에 그들의 몸은 출애굽하였으나 생각과 마음은 여전히 애굽에서 방황하고 있다는 것이다.[138]

예수의 몸이 되는 교육 훈련의 모범은 예수 그리스도에게서 찾을 수가 있다. 첫째로 예수 그리스도는 말씀으로 가르치셨고, 둘째로 그는 삶으로 보여주시며 깨닫고 따르게 하셨다. 훈련은 소그룹으로 이루어진다. 훈련은 하나님의 말씀이 무엇인지를 강의하는 것이 아니라 삶을 살도록 하는 것이기 때문이다. 이 삶은 예수의 인격을 닮는 삶이고 이 삶이 훈련되면 그야말로 예수의 몸이 될 수 있다. 그리하여 교회는 훈련을 통해 그리스도의 삶과 인격을 따르게 된다.

이중표 목사는 그 방법으로 영성 훈련을 위해 성경을 암송해야 한다고 말한다. 하나님의 말씀은 살아 있는 말씀이다. 그러므로 말씀을 암송할 때 많은 유익을 얻는다. 이중표 목사는 성경을 많이 읽는 것보다 성경을 암송하는 것이 더 중요하다고 말하며 성경을 읽는 자도 성령의 도움을 받아 성경의 저자들이 도달했던 수준 높은 신앙의 경지에까지 이르러 성경의 깊은 뜻을 바로 이해해야 한다. 기도하며 성경을 읽을 때 성령이 우리와 성경 사이에서 역사하신다.[139] 그러기 위해서는 교육 훈련에 있어서 그것을 주도하는 목회자가 먼저 훈련된 삶을 살아야 한다. 자신이 먼저 별세하지 못하고 입으로만 별세를 말하는 스승은 제자를 결코 별세로 이끌지 못한다. 그러므로 훈련시키는 스승의 신앙관이 중요하다. 훈련을 하는데 있어서 목표가 확실해야 한다. 그 훈련을 통해 그리스도인들이 예수 그리스도의 삶과 인격을 닮아 새롭게 살게 한다. 그럴 때 교회는 자기 역할을 하여 진정한 교회로 거듭날 것이며 그리스도인들은 교회 안에서 진정한 복음을 누리게 될 것이다.

선교(전도)

이중표 목사는 전도라는 용어 대신 '선교'라는 용어를 사용한다. 이중표 목사에 의하면 별세의 선교는 죽으시고 부활하신 예수 그리스도의 케리그마를 전파하는 것이다. 예수 그리스도의 죽음과 부활이 교회의 존재 이유라면 그것의 선포는 교회의 사명이다. 그에 의하면 케리그마의 선포를 통하여 그리스도의 삶과 죽음과 부활은 현재에 일어나는 사건이 된다. 그는 진정한 의미의 선교는 순교라고 한다. 따라서 그는 바울이 "내가 이 은혜의 복음을 증거하는 일을 마치려 함에는 나의 생명을 조금도 귀한 것으로 여기지 아니하노라" (사도행전 20:24)고 할 때, "마친다"는 말을 예수께서 십자가 상에서 "다 이루었다"고 하신 말씀과 어원이 같은 것으로 해석한다. 이 말은 죽는 것이 선교의 끝이라는 말이다. 선교는 곧 죽음으로 한다는 말이다. 그러나 이러한 선교는 성령이 임할 때만 가능하다. "오직 성령이 임하면… 내 증인이 되리라"(사도행전 1:8)의 증인은 곧 순교자이다.

교회가 성령의 전이 되면 예수의 영이신 성령 하나님은 그리스도인들에게 예수의 별세를 알게 하고 예수의 명령에 따라 예수의 별세를 전하게 한다. 그 별세의 선교를 예수 그리스도는 부활하신 후에 유언으로 명령하셨다. "오직 성령이 너희에게 임하시면 너희가 권능을 받고 예루살렘과 온 유대와 사마리아와 땅 끝까지 이르러 내 증인이 되리라 하시니라"(사도행전 1:8).

실제로 별세의 은혜를 체험하는 사람들은 선교 사역을 열심히 행한다. 별세의 진리가 그리스도인이 믿어야 할 참 진리라고 인정하고 그것을 전하는 것이 최고의 사역이라고 생각하기 때문이다. 이들을 통해 교회는 건강하게 성장하고 전 세계로 복음이 전해진다. 오늘 우리의 선교는 별세의 복음을 전해 사람들에게 별세에 이르게 하는 것을 목적으로 삼아야 한다. 그러면 사람들은 예수의 제자가 되고 행복을 얻게 되고 세상을 살리는 일에 나서게 된다. 이중표 목사는 그들이 겨자씨처럼 사용되어서 하나님의 나라는 크게 확장될 것이며 세상은 구원될 것이라고 말한다.[140)]

3. 별세 영성 목회가 한국 교회에 주는 의미

1907년 이후 한국 교회의 부흥 운동이 철저한 회개와 거듭남을 강조함으로써 민중의 위대한 영성을 분출시켰지만, 은둔적 신비주

의로 흐르거나 말세적 피안사상으로 치우침으로써 민족사의 중심에서 벗어나게 되었다. 그러나 별세 영성은 자기 비움과 죽음을 강조하면서도 세상 속에서 새로운 삶을 살 것을 말하고 민족애와 민중 해방을 강조함으로써 영적 쇄신과 세상적 책임을 결합한다. 장자 목회, 밥상 목회를 말함으로써 별세 영성은 민족사의 중심에 서려 한다.[141)]

이중표 목사의 별세 신학은 우리나라가 역사상 최초, 그리고 세계가 부러워할 만큼 급속한 경제 성장으로 인해 생활 수준이 향상되던 1990년대를 중심으로 형성되기 시작했다. 이것은 별세 신학의 독특한 위치를 말해 주는 것이다. 다시 말하면 그의 신학은 일제치하 한국 교회의 역사적 상황에서 제기되었던 종말론과는 현격한 거리가 있다. 오히려 그의 신학은 부유해지면서 파생된 사회 문제들의 해결방안을 도덕적 측면으로 인식하고 그것을 신앙이나 혹은 사회적으로 극복하려고 한다.[142)]

게다가 별세 신학은 성서의 영성과 한국의 영성을 회복한다. 즉 그것은 자기부정의 영성과 사회의 쇄신을 결합한다. 이는 이중표 목사가 별세라는 독특한 신앙의 언어를 통해 한국 사람들이 이해하는 문화적 바탕에서 신앙과 복음을 설명하는 형태로 나타난다. 이중표 목사의 신학적 탁견은 십자가와 부활이라는 신앙의 구조를 한국적 이미지로 현상화시킨 데 있다. 그리고 그러한 구조를 모든 신학의 범위로 확대하여 보다 포괄적으로 체계화 시키는 대업을 이룩했다는 데에 있다.

그 동안 한국의 신학 활동은 주로 서구 신학을 소개하고 배우는 데 집중되었다. 한국인의 신앙 생활과 목회와 선교 현장에 맞는 신학으로서, 또한 한국 교회와 한국 그리스도인의 신앙적 삶과 선교에 맞는 신학으로서 별세 신학은 한국 교회에 있어서 큰 의미가 있다고 본다.[143)]

첫째, 이중표 목사의 '별세 영성 신학'은 그 무엇보다도 물량주의적 양적 성장에 치우쳤던 한국 개신교의 선교 신학 안에 신선한 충격과 올바른 방향 제시를 해주는 치유제로서 공헌할 것이다. 그의 목양지 자체가 많은 숫자의 회중이 모여드는 대형 교회요, 그런 상황에서 목회를 하고 있음에도 불구하고, 대중의 입맛에 아부하는 목회 메시지가 아니라 '십자가에서 옛사람이 죽고 다시 사는 중생의 도'를 선포하는 '정도 목회'를 별세 신학이 강조한다는 점을 높이 평가하지 않을 수 없다.[144)]

둘째, 그의 별세 영성은 한국 개신교 안에 흐르는 두 가지 신학적 경향을, 즉 보수와 진보, 십자가의 신학과 부활의 신학을 통전시킨 입장에서 목회하려는 자세를 보인다. 그래서 갈라진 한국 개신교의 두 흐름이 통합되고 상호보완되어 갈 수 있는 제3의 가능성을 목회 현장에서 보여 주었다는 점이다.

셋째, 이중표 목사의 별세 영성은 신학적 기조에 있어서 본질적으로 개혁파 교회 신학(칼빈주의 신학) 유산을 굳게 견지하고 있다. 인생의 최고 목표와 궁극적 목적을 '자아실현'이나, '물질적 부'의 성취에 있지 않고 '하나님께 영광을 돌리는 것'이라고 본다든지, 무엇보다도 그리스도인과 교회의 궁극적 존재 이유가 '하나님의 나라'‥를 땅 위에 실현케 하는 일에 부름받고 있다는 사회윤리 의식, 역사 의식이 그것을 잘 나타내고 있는 것이다.[145] 옛 종말론이 도피적인 피안을 지향한다면 이중표 목사의 종말론은 현실적인 종말론이다.

그의 신학은 그리스도교의 종말론이 성서적 신앙의 핵심이라 보는 데서 출발한다. 하지만 그의 별세의 신학은 묘하게도 현실성과 역사성이 강한 구약성서에서 출발한다는 특별한 면이 눈에 띈다. 이것은 수탈과 고난에서의 우리 교회들의 옛날의 종말론과는 그 시각과 메시지의 방향이 근본적으로 다르다. 그는 일찍이 예언자적 예각성을 가지고 경제적 풍요와 함께 대두되는 사회 문제가 우리의 신앙의 큰 변수로 다가선 것을 몸으로 직시하였다. 즉 오늘날의 물질주의에서 발생하는 많은 문제들의 심각성을 위기라고 본 것이다. 이중표 목사의 신학은 출애굽과 신명기를 역사적으로 잇는 계명의 의미, 그리고 그것과 예수 그리스도의 십자가와의 구조적 관계, 그것의 성서 신학의 중추를 포착한 하나의 해석학이다.[146]

오늘날 별세 영성이 한국에 뿌리 내리기 위해서는 별세 영성에 대한 신학적인 근거를 좀 더 마련하여야 할 것이다. 몸의 영성에 대한 차이점과, 십자가 영성과의 차이점, 그리고 개인주의적인 체험과 별세 영성의 차이점 등 극복해야 할 많은 부분이 있으나, 한국적 영성훈련으로 발전시킬 수 있는 많은 장점을 가지고 있다.

5. 별세 영성 가정의 이해

1. 가정의 의미

동물들과 달리 인간에게 가정은 중요하다. 인간은 가정을 중심으로 군집생활을 해왔고 가정을 기초로 해서 인간 사회가 구성되어진다. 가정이 중요하지만 '과연 가정에서 인간이 행복을 누리는가?' 스스로 질문해봐야 한다. 가정은 가장 작은 단위의 사회이다. 이곳에서 우리가 지향하는 영성이 실현되어야 한다. 가정에서 실현되지 않는 영성은 현실적인 영성이라고 할 수 없다. 실존적으로 개인 영성의 근본이 되는 것이 가정이기 때문이다. 가정에서 실현되는 영성은 사회로 확장될 수 있다. 그런 의미에서 영성을 가정에 적용하는 것은 그리스도인의 영성적 삶을 위해 중요한 의의가 있다.

오늘날 가정은 점점 파괴되고 있다. 이혼율이 나날이 급증하고 있고 그로 인해 결손 가정 아동들이 늘고 있다. 결손 가정에서 사랑을 받지 못하고 자라는 어린 아이들의 문제는 점점 심각한 사회문제가 되고 있다. 가정에서 사랑하지 못하고 갈등하는 부부관계, 그 속에서 자란 아이들이 겪는 정신적 장애는 심각하다. 그들은 정신적인 장애를 가지고 성장한다.

가정은 행복의 전당이 되어야 한다. 가정에서 행복하면 사람들은 인생이 행복할 것이고 가정에서 불행하면 인생이 불행하다고 느껴진다. 그런 의미에서 복음은 가정을 구원하는 것이어야 한다. 복음을 보는 여러 시각은 있겠지만 영혼의 구원뿐만 아니라 현실적인 삶이 구원되어야 하는데, 그 중에서도 가정의 구원은 그리스도인을 행복하게 구원하는 것이 된다. 이중표 목사는 가정을 자신의 신학과 목회에 있어서 중요하게 생각한다. 그는 가정이 구원되어야 진정한 구원이라고 본다. 가정이 행복하다면 삶이 행복하고 가정에서 편안하다면 인생이 평안하다고 주장한다.

가정에 대하여 이중표 목사는 다음과 같이 말한다. 첫째로, 가정은 모든 '창조의 중심' 이다. 그에 따르면 하나님은 5일 동안 천지를 창조하시고 6일째에 아담과 하와를 창조하셨는데, 동시에 하나님은 두 사람이 사랑하며 살아갈 가정을 창조하셨다는 것이다. 그러기에 가정은 하나님이 창조하신 작품이다. 그곳에서 둘은 하나가 되어 사랑을 하면서 하나님이 창조하신 의도를 실현하게 된다. 그 가정에서 안식을 누리며 하나님을 창양하면서 제7일 안식을 맞이하게 되는데 이는 곧 하나님의 창조가 완성되는 곳이다. 그러므로 가정은 창조의 완성을 이루는 곳이다.

여기서 이중표 목사는 인간들이 유지해온 가정 문화를 창조론 해석의 중심에 두고 그 가정의 행복을 하나님이 의도하신 가장 중요한 축복의 장소요, 안식을 누리는 바탕으로 이해한다.

둘째, 가정은 '행복의 처소' 이다. 이중표 목사에 의하면 사람은 직장과 사회 생활을 하는 순간 경쟁이 존재하여 끊임없이 싸워야 한다. 그러나 가정에는 늘 안식이 있다. 인간의 싸움터인 사회에서 인간들은 자신의 치부나 약점을 감추기 위해 옷을 입고 화장을 한다. 그리고 항상 긴장하면서 다른 사람들을 대한다. 그렇지만 가정에서는 긴장을 풀어헤친다. 아무렇게나 누워있을 수 있고 자신의 치부나 약점이 드러나도 상관없기 때문에 옷을 벗어버리고 산다. 아니 그 약점을 보여주면서 가족들에게 위로를 받으면서 살아간다. 그리하여 인간들은 가정에서만 진정한 안식을 누릴 수 있다. 이러한 이중표 목사의 가정관은 상당히 독특한 것이며 가정의 중요성을 새로운 시각에서 조명한 이론이다.

가정에서 인간들이 안식을 누리지 못한다면 그것은 불행이다. 어쩌면 인간이 있을 곳을 상실한 것이 된다고 이중표 목사는 본다. 이런 인생에게 무엇보다도 중요한 것은 가정이 구원되어야 하고 그 가정에서 행복을 누려야 한다는 것이다. 그런 의미에서 이중표 목사는 가정이 진정한 행복의 처소가 되어야 한다고 주장한다.

셋째, 가정은 하나님을 체험하는 '영적 수련장' 이다. 이중표 목사에 따르면 인간은 하나님을 알 수 없다. 우리는 하나님을 이해할 때 우리가 이해할 수 있는 어떤 표상이 있어야 한다. 그래서 하나님은 인간이 이해할 수 있는 표상으로 설명되는데 그것은 부모이다. 하나님은 우리의 부모와 같다. 사람들은 아버지를 보면서 성부 하나님의 사랑을 볼 수 있고, 어머니를 통해 위로자이신 성령 하나님을 알 수 있고, 또 결혼을 통해 신부되는 교회를 알 수 있다는 것이다.

그런데 아버지가 사랑이 없고 관용을 베풀지 못한다면 자녀들은 하나님을 잘 이해할 수가 없게 된다. 또한 어머니가 사랑을 주지 못한다면 자녀들은 성령님의 헌신적이고 위로하시는 특성을 체험하지 못한다. 그런 의미에서 이중표 목사는 가정은 하나님을 알게 되는 영적인 장소라고 말한다.

넷째, 가정은 '작은 교회' 이다. 이중표 목사는 가정에서 남편은 장차 오실 그리스도의 모형으로서, 아내는 교회의 모형으로서의 상징적 존재로 이해되어야 한다고 말한다.[147] 즉 남편과 아내가 서로 사랑하여 그리스도가 우리를 사랑하는 것과 같이 그리고 교회가 그리스도를 믿는 것과 같은 그런 관계가 되어야 한다는 것이다. 결국 가정에서 남편과 아내가 행복하게 살아야 영적으로 예수와 교회와의 온전한 관계에 관한 진리를 깨닫게 된다는 것이다.

2. 부부의 관계

가정에는 부부의 관계, 형제간의 관계, 부모와 자녀의 관계가 있다. 이러한 관계성을, 이중표 목사는 근본적으로 별세의 영성으로 말한다. 별세의 영성이란 내가 죽어 다른 사람을 살리는 영성인데, 이것을 가정에 적용하면 가정의 구성원들이 상대를 위하여 겸손, 섬김, 희생을 하는 영성이다. 이것은 그리스도의 삶을 이중표 목사가 한 마디로 표현한 것으로서 그 영성이 가정에서 실현된다면, 수도원이 다른 공간에 세워질 필요가 없이 가정이 곧 수도원이라고 본다. 이중표 목사에 따르면 가정은 겸손의 영성을 배우는 현장이다. 가정에서 가족들이 자기를 비우고 서로를 높이며 살 때 그들이 곧 수도사이다. 최고의 수도사는 가정 수도사이다. 아내가 남편에게 순종하고, 남편이 아내를 사랑하며 사는 것이 수도생활이라는 것이다.

부부의 관계에 있어서 부부는 연합하여 한 몸을 이루어야 한다. 한 몸을 이루는 가정을 이루기 위해서는 먼저 사람들이 부모를 떠나야 한다. 부모를 떠나야 한다는 것은 경제적인 면에서도 떠나야 되고, 장막도 떠나야 되고, 보호받는 것에서도 떠나는 것을 의미한다. 즉, 부모의 보호와 의존을 떠나서 스스로 성숙한 인간이 되어야 한다는 뜻이다. 이중표 목사의 이해에 따르면, 인류 최초의 결혼식을 거행할 때, 하나님은 하와를 아담에게 데리고 오셨다. 그들은 한 몸을 이루기 위해 자기의 주변을 모두 떠났다. 남자도 자기의 부모를 떠났다고 이중표 목사는 본다.[148)]

남자와 여자 둘이 연합하여 하나가 된다는 말은 둘 사이에 아무도 끼어서는 안 된다는 의미이다. 부부 사이에 자식도 부모도 장애가 되어서는 안 된다. 그래야만 연합하여 하나가 되었을 때, 벌거벗고도 부끄럽지 않게 된다. 가정은 부부가 벌거벗고 사는 곳이다. 상대의 허물을 볼 수밖에 없다. 그러나 서로 허물이 있어도 허물로 보지 않고 의롭게 여기는 것이 가정인 것이다. 그러므로 이중표 목사는 말하길 가정은 허물을 벗는 속죄소요, 하나님의 임재를 체험하는 처소, 성전이다.

이러한 가정의 관계가 하나님과 인간의 관계라고 이중표 목사는 해석한다. 신랑과 신부의 관계와 그것은 동일하다는 것이다. 그리고 이 가정의 행복을 확장하면 천국 개념을 말할 수 있다고 그는 본다. 즉 신랑되신 예수님과 우리가 오래 오래 사는 곳이 천국이요, 천국은 예수님과 함께 영원히 사는 곳, 영생의 장소라는 것이다.

부부는 이제는 상호 복종해야 한다고 이중표 목사는 말한다. 그에 따르면 에베소서는 성령의 충만은 상호 복종으로 나타나고 그 실현의 첫 번째 현장이 바로 부부 사이임을 선언한다(에베소서 5:18-33). 아내가 남편에게 복종하고, 남편이 아내에게 복종하는 것이 성령 충만의 증거요, 참 영성의 표현이다. 그런 의미에서 본다면 한 남편만을 믿고 일생을 사는 아내가 참 수도사요 큰, 믿음이라고 이중표 목사는 본다. 또한 한 아내만을 끝까지 사랑하면서 곁눈 주지 않고 살아가는 남편이 참 수도사라는 것이다. 이중표 목사는 수도원적 영성에 대해 반문하기를 아무도 보이지 않는 수도원이라는 환경 속에서 남에게 마음 주지 않은 것은 무엇이 어렵겠는가? 그러나 세상 수많은 사람들 가운데서 하나님이 짝지어 주신 부부를 그 누구도 나눌 수 없다는 믿음으로 오직 서로에게 복종하면서 살 수 있는 것 이것, 이 참다운 수도요, 진정한 영성이라는 것이다. 이중표 목사는 가정에서 자기 남편에게 복종하기를 주께 하듯 하는 아내, 그리스도께서 교회를 사랑하시고 자신을 주신 것처럼 아내를 사랑해 줄 수 있는 남편이 최고의 수도사요, 그 영성이야말로 참으로 거룩한 영성이라고 말한다.

이러한 상호 복종의 부부관계는 이중표 목사는 예수와 교회의 관계로 표현했다. 그에 따르면 가정과 교회는 하늘이 맺어준 신비한 관계이다. 아담이 잠든 사이에 하와가 탄생하듯 예수님께서 죽음의 잠을 주무시는 사이에 교회가 탄생한다. 아담의 옆구리에서 하와가 나왔듯 창에 찔려 피 흘리신 예수님의 옆구리에서 교회가 탄생한다. 그러므로 가정에 있는 신부는 작은 교회요, 하늘이 보낸 참으로 소중한 보화이다. 남편과 아내의 관계에 있어서는 남편은 예수님을 보여주고 아내는 교회를 보여주는 상징적 존재이다.[149] 그러므로 그의 신학적 가정 이해는 가정이 교회보다 소중하고 우선해야 한다는 그의 목회 철학을 탄생케 했다. "가정은 교회의 축소형이요, 교회는 큰 가정"이라는 것과 맥락을 같이한다.[150]

이중표 목사는 "교회는 인류의 행복을 위해 가정을 가정답게 만들어 주어야 한다."라는 주장 하에 가정의 소중함과 가정 목회의 중요성을 역설한다. 한 남자와 한 여자가 결혼을 통해 이룩한 가정에는 하나님께서 마련하신 질서가 있다. 가정에서 질서란 남편과 아내 각자에게 주어진 역할을 의미한다. 그가 이해하고 있는 남편상은 '하늘 같은 남편' 이고, 아내상은 '천사 같은 아내' 이다. 이런 남편과 아내는 하루아침에 태어나는 것은 아닐 것이다. 배우고 공부하는 가운데 인격적인 남편과 아내로 한 가정을 이루어서 살아가는 날들이라고 볼 수 있다.[151]

그는 예수 그리스도를 '하늘 같은 남편' 의 모범으로 예수를 제시한다. 마태복음 11장 28절의 해석에서 이 세상살이는 수고하고 무거운 짐인데 그 짐을 풀어놓고 쉼을 얻는 안식처가 바로 가정이다. 하늘 같은 신랑으로서 예수 그리스도가 우리를 품어 주듯이 남편은 아내를 품어 줄 때 사랑의 관계를 만드는 주제자로서 '하늘 같은 남편' 이 된다는 것이다.

'천사 같은 아내' 의 정체성에 대해 이중표 목사는 '돕는 배필'

의 원어적 의미에서부터 시작한다. "'돕는 배필' 이라는 의미의 히브리어 '에젤' 은 '하나님의 도움' 이란 뜻이다. 사람에게 필요한, 적합하게 돕는 사람이란 의미이다. 하나님께서는 사람을 위해 돕는 짝을 지으셨다는 말이다. 그러므로 여자란 남자를 도와주는 짝이 아니라 하나님의 도움을 주는 배우자라는 뜻으로서"[152], 즉 아내는 남편을 머리로 모시고, 남편을 주님 모시듯 해야 한다. "아내들이여, 자기 남편에게 복종하기를 주께 하듯하라"(에베소서 5:22)는 말씀에 최초의 아내인 하와가 불순종함으로써 최초의 가정이 파괴되었다. 하와가 선악과를 따먹은 것은 하나님께 불순종한 것이요, 남편의 말에 불순종한 것이었다. 아내는 자녀들의 행복을 위하여 순종해야 한다. 하와가 아담에게 불순종함으로 시작된 가정의 무질서는 결국 카인이 동생 아벨을 죽이는 비극을 낳았다. 부부가 행복하고 가정이 화목해야 자녀가 행복하다.

3. 부모와 자녀의 관계

이중표 목사는 부모와 자녀의 관계에 대해서도 별세의 영성에 따른 대답을 제시한다. 그에 따르면 자식은 부모에게 순종해야 한다. 그러나 그는 그 순종을 결혼 이전까지로 제한한다. 결혼 이후에는 부부가 상호 복종해야 하는데 부모를 따르는 것과 배우자를 따르는 것이 상반되어 문제가 될 때 부부는 상호 복종 관계에서 배우자를 따라야 한다는 것이다.

먼저 자녀는 결혼 이전까지는 부모에게 순종해야 한다. 이중표 목사는 부모를 따르는 모범을 예수에게서 발견한다. 그는 예수를 효자라고 규정한다. 예수는 전 인생을 통해 아버지의 뜻에 순종한 효자라는 것이다. 자기를 죽이고 아버지의 뜻을 실현했으며 그 결과 그에게 부활이라는 행복이 주어졌다는 것이다. 그리하여 이중표 목사는 신성적(神性的) 관점에서 볼 때 예수가 성부 하나님께 어떻게 아들로서 순종적으로 모범적 삶을 보여 주셨는지를 보고자 한다. 그리고 예수는 하나님을 우리들에게 아버지로 알게 해주셔서 하나님의 효자가 되는 길을 가르쳐 주셨다는 것이다. 자녀로서 부모를 공경하고 순종하는 것(십계명의 제5계명과 에베소서 6:1-3의 말씀)은 하나님을 공경하는 것과 마찬가지라고 그는 본다.[153)]

부모는 또한 자식을 하늘이 보낸 자로 이해해야 한다. 이러한 이해는 부모가 자녀를 함부로 대하지 못하게 한다. 자식은 부모에게서 나왔지만 하나님이 보냈다. 각자에게 하나님은 사명을 주시고 그것을 실현하도록 부모를 통해 하나님이 보낸 것이다. 그러므로 부모는 자식들을 하나님의 자녀로서 사랑하고 하나님의 자녀로 대접해야 한다고 이중표 목사는 말한다.

가정은 수도원이라고 했다. 이중표 목사는 순교자의 영성을 이 수도원적인 가정에 도입하여 가정에서의 각자의 순교를 말한다. 가정에서는 남편이 아내에게, 아내가 남편에게, 부모가 자식에게, 자식이 부모에게 자기를 죽이고 상대를 살리는 순교를 행해야 한다는 것이다. 그에 따르면 아버지의 희생으로 자녀들이 살고, 어머니의 희생으로 자녀들이 자란다. 특별히 버려진 남의 자녀를 입양하여 길러주고 그를 위해서 희생하는 입양 부모야말로 참 순교자의 영성을 지녔다. 입양이라는 것은 내가 낳고 길러도 내 자식이 아니요, 남이 낳은 자식도 내 자식이 아니며 오직 그 모두를 다 하나님의 자녀로 믿는 신앙의 고백이다. 입양은 자신을 하나님의 대리자요, 대모로서 은혜를 체험케 하는 예수 그리스도 영성의 실천이다. 가정은 그 누구라도 예수님의 마음으로 서로를 위하여 희생할 수 있는 별세 영성 실현의 장이다.

이중표 목사는 가정을 바탕으로 사회의 구원을 제시한다. 별세적인 가정의 영성은 가정에만 실현될 것이 아니라 세상 모든 곳으로 확대되어야 한다는 것이다. 기업이 가정처럼 될 때 안식이 있다. 지역사회와 민족 공동체가 가정처럼 될 때 하나님 나라는 임하는 것이다. 가정영성이야말로 참 영성이요, 한 나라와 온 세계에 성취되어야 할 예수 그리스도의 영성이다.

세상 사람들은 일하기 위해서 잠잔다고 하지만, 잠을 잘 자기 위해서 일하는 것이 그리스도교의 원리이다. 사람이 낮에 선하게 살아야 밤에 편히 잠이 든다. 일생 동안 선하게 살아야 하나님이 주신 안식을 얻을 수 있다. 밤에 잠자는 것은 죽는 연습이요, 아침에 일어나는 것은 부활의 연습이다. 잠은 천국의 안식을 얻는 연습이다. 잠들기 전에 무릎을 꿇고 잠을 이루기 위해 기도해야 하며, 아침에 일어날 수 있도록 기도해야 한다. 하나님이 사랑하는 자는 잠을 잘 자는 사람이다. 최후의 안식의 세계가 천국이다. 예수님은 "너희를 위하여 처소를 예비하러 간다"고 하셨다. 그 처소는 잠자는 집이요, 천국이다. 최고로 하나님을 만날 수 있는 경지를 '안식'이라고 한다. 내가 안식할 때 하나님을 만나는 것이다. 가정은 천국 안식을 체험하는 곳으로서 이중표 목사는 별세의 가정을 예수님이 준비하신 천국이 이루어지는 것으로 보았다.[154] 이것은 가정의 중요성을 성경적으로 조명함으로써 현대사회의 가정의 참다운 가치를 정립시킬 수 있는 기준을 제시한다.

6. 가정의 현실적인 문제와 별세 영성적인 분석

이중표 목사는 가정이 별세하여 행복해져야 한다고 주장했다. 그러면 가정의 현실적인 문제는 무엇이고 그에 대한 현실적인 별세 영성의 대답을 찾아보자.

필자는 가정의 가장 현실적인 문제가 무엇인지를 정확하게 파악하고자 필자가 목회를 하고 있는 수원 중부교회에서 설문조사를 하였다. 이 설문조사의 결과를 보면 현대인들의 가정 생활을 그대로 반영하였으며 더 나아가 그들이 원하는 바람직한 가정상이 무엇인지 알 수 있다. 설문조사에 나타난 그들의 현실과 기대 앞에서 이중표 목사는 어떻게 대답했는지 살펴 보고자 한다. 그의 탁월한 대답은 우리 교회가 '가정 목회'를 이해하는데 중요한 지표가 될 것으로 확신한다.

설문조사는 한국기독교장로회 경기노회에 소속된 중부교회 교인을 대상으로 하였다. 응답자를 성별로 나누었을 경우, 남성은 29.8%, 여성은 70.2%를 점유한다. 연령별로는 10대가 10.6%, 20대가 8.5%, 30대 34%, 40대 14.9%, 570대 31.9%를 차지하였고, 학력별로는 초졸 25.5%, 중졸 10.6%, 고졸 25.5%, 대졸 이상 38.3%의 비율을 보인다. 또한 교회에 출석한 기간으로는 3개월 이상이 6.4%, 6개월 이상 21.3%, 1년~5년 40.4%, 5년~10년 6.4%, 10년 이상 25.5%의 분포를 보였으며 교회에 봉사하는 직분으로 권사 14.9%, 집사 25.5%, 권찰 14.9%, 평신도 44.7%의 분포를 나타났다. 이러한 분포를 보인 응답자의 설문을 중심으로 중부교회 교인들의 부모와 자녀, 가족간의 이해, 부부간의 관계에 대한 가정 의식을 분석했다.

1. 부모와 자녀의 관계

문1. 나는 자신의 소신에 대해서 아버지(어머니)와 거리낌 없이 의논할 수 있다.

전혀 그렇지 않다	그렇지 않다	잘 모르겠다	그렇다	매우 그렇다	계
6.3	18.8	6.3	68.8	0	100.0

질문 1의 내용은 '나는 자신의 소신에 대해서 아버지(어머니)와 거리낌 없이 의논할 수 있다' 이다. 필자는 중부교회의 교인들의 경우 특별히 30대에서 부모와의 관계에 있어 비교적 건강함을 유지하고 있다고 평가하고 싶다. 왜냐하면 이 질문에 대해 전체 교인들 중 68.8%의 교인들이 '그렇다' 라고 답했기 때문이다. 이는 30대 교인 중 약 3/5 정도가 부모와의 대화에서 어색함이 없다는 것을 의미한다. 이것은 별세 가정의 행복이 중부교회 가정에서도 충분히 적용될 수 있다는 가능성을 보여주는 것이다.

중부교회 목회에 있어 중심을 이루는 계층은 30대 층이다. 이 계층은 전체 교인들의 34%에 해당된다. 물론 30대 계층을 전체 계층으로 본다면 1/3 정도에 지나지 않는다. 그러나 숫자적인 의미를 떠나 이들이 교회에서 감당하는 역할과 중요도를 본다면 이들은 교회의 중심에 해당된다. 따라서 교회의 중심인 30대가 부모와 관계에서 비교적 건강한 관계를 갖는다는 것은 교회 전체를 건강하게 이끌어 갈 수 있는 가능성이 높다는 것을 알 수 있다.

한 예를 들어본다면 중부교회의 10대와 20대들에게 같은 질문을 하였을 때 그들의 반응은 10대는 부모와의 대화에서 '그렇다'와 '매우 그렇다'가 각각 40%이다. 이들을 합하면 총 80%에 해당한다. 20대의 경우는 50%와 25%가 긍정적으로 답하였다. 모두 합하면 무려 75%에 해당한다. 결국 중부교회의 10대와 20대의 대부분은 부모 앞에서 자신의 소신을 분명하게 말 할 수 있는 건강함을 가지고 있다고 할 수 있는 것이다.

그렇다면 이러한 결과는 어디에서 기인한 것일까? 필자는 교회 내에서 별세 가정을 특별히 강조한 적은 없지만, 그 동안의 목회에서 별세 가정적인 요소가 목회에 상당 부분을 차지하고 있었다. 그러므로 중부교회 그리스도인들은 별세 가정에 대한 특별한 교육은 없었지만 일반적인 목회자들의 목회에서 무리 없이 별세 가정의 모습이 강조되어 질 수 있을 것이다. 이러한 교회 분위기에서 10대, 20대는 영향을 받았다고 진단하고 싶다. 물론 100% 영향을 받았다고는 말할 수 없다. 그러나 영향을 전혀 받지 않았다고 단정할 수도 없다. 인간은 사회적 동물이기에 환경과 주변의 영향을 무시할 수 없다. 그런 면에서 교회의 중심이 되는 어른들의 삶의 태도, 부모와의 관계 등이 영향을 미쳤다고 판단 할 수 있다. 그러므로 중부교회는 별세 가정의 행복을 교육함으로서 부모와 자녀의 관계에서 건강함을 만들어 가는 데 교회 영성훈련과 목회의 중심을 두어야 할 것이다.

문2. 아버지(어머니)께 말씀드리려면 조심스럽고 어렵다.

전혀 그렇지 않다	그렇지 않다	잘 모르겠다	그렇다	매우 그렇다	계
12.5	43.8	18.8	18.8	6.3	100.0

질문 2의 내용은 '아버지(어머니)께 말씀드리려면 조심스럽고 어렵다.' 이다. 이 질문은 부모와 자녀간에 대화의 자유로움을 파악할 수 있는 것으로서 질문 1과 함께 가족간의 대화가 강조되는 현대 목회에서 중요한 의미를 가진다. 이중표 목사는 역사 속에서 이루고자 하시는 하나님의 뜻은 창조의 가정을 회복하는 일이므로, 교회는 파괴된 가정을 회복하려는 하나님의 구원 계획에 참여하는 것을 최대의 일로 생각해야 한다는 목회적 소신을 갖고 있다.

이러한 면에서는 중부교회의 경우를 살펴보면, 중부교회 30대는 가족간의 대화가 가장 자유로우며 부모와 자녀가 비교적 건강한 관계를 유지하는 것으로 나타났다. 왜냐하면 이것은 표에 나타난 것처럼 부모와 자녀간의 긍정적인 관계가 역순의 질문에서 '전혀 그렇지 않다' 12.5%, '그렇지 않다' 43.8%로 나타나고 있기 때문이다. 이러한 시대에 이중표 목사는 부모들이 먼저 자신들의 정체성을 성령이 보낸 선생으로 인식하고 자녀들에게 하나님의 사랑받는 존재로서의 신성한 자존감을 심어 주는 자녀 양육의 노력을 회복해야 한다고 주장하는 것은 이 시대를 향한 선지자적 외침이라고 평가하고 싶다.

이제 중부교회의 10대와 20대들의 반응을 살펴보면 다음과 같이 나타난다. 10대는 부모와의 대화에서 '그렇지 않다' 60%와 '잘 모르겠다'가 20%이다. 이들을 합하면 80%에 해당한다. 또한 20대의 경우는 100%가 긍정적으로 답하였다. 결국 중부교회의 10대와 20대의 대부분은 부모에게 대화 시도하는 것이 어렵지 않다고 할 수 있는 것이다. 이것은 주일학교, 학생부, 청년부의 영성 훈련이 신앙생활에서 얼마나 중요한 비중을 차지하는가를 알 수 있으며, 가족간에는 믿음을 통하여 하나 되는 가족 공동체를 형성하여야 한다는 것을 의미하며 이중표 목사는 "수도원은 따로 있는 것이 아니다. 가정에서 예배를 드리면 그곳이 수도원이며 교회이다. 영성이란 사람이 사는 곳에서 예수 그리스도를 닮은 인격으로 살아가는 마음이며, 수도란 그 마음을 닦는 것인 까닭이다. 참다운 영성은 가정의 영성이며, 진정한 영성이 형성되고 실현될 마당은 가정이다"라고 말함으로써 가족 공동체의 중요성을 강조하고 있다. 그러므로 오늘날 목회에서 목회자는 가정 사역의 중요성을 인식하여야 한다.

2. 가족간의 의사소통

문3. 우리 가족은 어려울 때 서로 도와준다.

전혀 도와주지 않는다	간혹 도와준다	자주 도와준다	항상 도와준다	계
12.5	43.8	18.8	8.8	6.3

질문 3의 문항을 통하여서 발견하게 되는 것은 중부교회가 가지고 있는 유리한 점의 또 하나로서 가족들 간에 사랑이 있다는 것이다. '가족간에 사랑이 없는 가정이 어디 있겠는가' 마는 반드시 그렇지 만은 않다.

오늘날 한국 사회가 가지고 있는 큰 사회 문제 중 하나는 가정 문제이다. 이혼 가정, 편부모 가정, 부부 갈등의 가정, 노인 문제, 장애인 문제, 소년 소녀 가장의 가정 등 헤아릴 수 없이 많다. 이 가정 문제를 도식적으로 재단하여 '원인이 이것이다' 라고 말할 수는 없다. 이는 너무나 많은 문제들이 연결되어 있기 때문이다.

그러나 그럼에도 불구하고 문 3의 질문은 우리의 가정의 건강상태를 진단해 볼 한 단초가 될 수 있다. 어려울 때 가족들 간에 서로 돕는지의 여부는 그 가족이 얼마나 끈끈하게 연결되어 있는가를 진단할 수 있게 하기 때문이다. 이중표 목사는 가정에 대한 정의를 다음과 같이 말한다. 첫째, 목사의 가정이 먼저 행복한 교회가 되어야 한다. 둘째, 교인들의 가정에서 교회가 이루어지도록 지도해야 한다. 셋째, 개인 구원보다 가정 구원에 더 깊은 관심을 가져야 한다. 넷째, 교인들에게 가정은 공동체의 원형인 것을 가르쳐야 한다. 다섯째, 목사는 교인들뿐만 아니라 인류에게 "예수 그리스도 안에서 가정으로 돌아가라"라는 메시지를 계속적으로 주어야 한다.

이러한 별세 가정에 대하여 중부교회의 교인들은 문 3의 질문에 대해 특별히 30대에서 93.8%가 '그렇다'는 쪽으로 응답했다. 좀 더 구체적으로 살펴보면 '그렇다'가 25%, '자주 그렇다'가 31.3%, '항상 그렇다'가 37.5%이다. 이는 중부교회가 별세 가정에서 이중표 목사가 주장하는 것을 이루고 있음을 나타내고 있는 것이다. 또한 가정의 어려움을 함께 질 수 있는 가정은 건강한 가정이며 짐을 함께 질 때에 가족간에는 사랑이 더 확대되고, 가족간의 더욱 견고한 신뢰와 일체감이 형성된다. 반면 가정의 어려움이 아버지에게만, 혹은 아내에게만 지워지게 된다면 그 가정에는 갈등이 상존할 수밖에 없다. 가족 간의 유대도, 신뢰도 허물어지고 만다. 이렇게 볼 때 중부교회의 가정들은 대단히 건강하다 하겠다. 이것은 목회자가 나눔의 본을 보여야함을 의미하는 것으로서 행함이 없는 믿음은 죽은 믿음이라는 것을 나타내는 것이다.

문4. 우리 가족은 자유시간을 되도록이면 함께 보내려 한다.

전혀 그렇지 않다	그렇지 않다	잘 모르겠다	그렇다	매우 그렇다	계
0	6.3	25.0	12.5	56.3	100.0

이중표 목사에 따르면, 가정은 '행복의 처소'이다. 하나님 안에서 누리는 가정의 행복이 바로 별세의 행복이라고 정의 한다. 이것은 가족들이 시간을 함께 보내기를 원하는가를 묻는 4번 문항에서 잘 나타나고 있다. 중부교회는 이 질문에서 '매우 그렇다' 56.3%

'그렇다' 12.5%로 30대는 긍정적으로 대답하였다. 이것은 중부교회 30대의 가정 생활이 행복하다는 것을 의미하며, 곧 중부교회에서 30대의 역할이 든든해질 수 있음을 말한다.

또한 고졸 53.8%의 '간혹 그렇다'는 응답과 대졸 44.4%의 항상 그렇다는 응답은 초졸, 중졸과 비교하여 학력이 높을수록 더욱 가족과 함께 지내려는 경향이 강하게 나타났다. 직분별로 살펴보면 권사는 '항상 그렇다' 28.6%, '자주 그렇다' 28.6%이며, 집사는 '항상 그렇다' 41.7%, '자주 그렇다' 25.0%로 나타났으며, 권찰은 '항상 그렇다' 57.1%, '자주 그렇다'는 0%로 나타났다. 이것은 신앙생활을 통하여 더욱 단란한 가정으로 변화되고 있다고 해석할 수 있다. 그러나 '잘 모르겠다'는 25%가 있음을 간과해서는 안 될 것이다. 왜냐하면 30대는 부모님을 모시고 자녀들을 양육하며 가정을 꾸려나가는 시기이기 때문이다.

이 질문에서 여자의 6.1%가 '전혀 그렇지 않다',고 대답한 것은 남자의 0%와 비교해 볼 때 주목해야 할 부분이며 오히려 남자들이 가족과 함께 시간을 보내기를 더 원한다는 것을 알 수 있다. 또한 10대의 49%가 '그렇지 않다'고 답한 것은 부모들이 사춘기 자녀들에게 더 많은 관심을 가져야 함을 뜻한다. 이것을 통하여서 우리는 에덴동산에서 부부가 같이 있지 않을 때 일어나는 사건을 기억해야 할 것이다. 물론 이 질문으로는 그 원인을 알기 어렵지만 목회자는 목회 상담을 통하여서 교인들과 더 많은 대화의 시간을 가져야 할 것이다.

3. 부부간의 관계

문5. 나의 모든 심정을 배우자에게 잘 털어 놓는다.

전혀 그렇지 않다	그렇지 않다	잘 모르겠다	그렇다	매우 그렇다	계
0	12.5	6.3	50.0	31.3	100.0

문6. 부부간에 의견이 서로 일치하지 않을 때는 마음을 열고 서로 견해 차이를 줄이려고 애쓴다.

전혀 그렇지 않다	그렇지 않다	잘 모르겠다	그렇다	매우 그렇다	계
0	6.3	18.3	56.3	18.8	100.0

문 5와 문 6는 중부교회 교인들 가정에 있어서의 부부관계를 알아볼 수 있는 좋은 자료이다. 두 질문을 통해 볼 때 중부교회 교인들의 가정에서의 부부관계는 비교적 긍정적으로 나타나고 있다.

문 5에서 자신의 심정을 배우자에 잘 털어 놓는 것은 부부가 서로를 잘 이해하고 있으며 나아가 한 가정을 이루어 가는데 아주 소중한 일이다. 이 질문에 대한 30대의 대답은 81.3%가 긍정적 대답을 내 놓았다. 자세히는 50%가 '그렇다' 로, 31,3%가 '매우 그렇다' 로 답했다. 앞에서도 지적한 바 있지만 부부간의 갈등, 가족간의 갈등의 상당 부분은 대화의 단절에서 기인한다. 문 6에서 부부간에 의견이 일치하지 않을 때 마음을 열고 서로의 견해 차이를 줄이려고 애쓰는 노력은 곧 대화를 통해 진행된다. 그런 면에서 배우자가 자신의 심정을 상대방에게 털어 놓을 수 있다는 것은 갈등을 해소하고 문제를 해결할 수 있는 길을 여는 것이다.

교회는 종교적인 집단으로 자기 유익을 위하여 존재하는 것이 아니다. 사회 모든 집단을 가정화시키는데 있어서 최상의 모델이 되어야 한다고 이중표 목사는 말한다. 이것은 부부가 한 몸으로 이룬 가정의 중요성을 말하는 것이며 이러한 세상을 만들어야 하는 책임이 교회에 있다는 것이다.[155]

부부가 살면서 의견의 충돌이 없을 수는 없다. 두 인격체가 언제나 하나의 의견을 가질 수는 없다. 그래서 갈등이 생기고 문제가 발생한다. 따라서 문제가 발생하는 것이 문제가 아니고 이를 해소해 가는 방법이 문제다. 갈등을 격화시키는 경우는 대부분 대화가 단절되는 경우이다. 서로 간에 더 이상 입을 열지 않고 담을 쌓는다. 그러나 어려운 것은 사실이지만 마음을 열고 이성을 가지고 서로의 의견을 좁히기 위해 노력하고 애쓰는 가정은 원만히 문제를 해결해 간다.

이렇게 볼 때 중부교회의 93.9%의 교인 가정들이 문제 해결을 위해 노력하고 있으며 이를 향해 나가고 있다. 이는 건강한 가정을 이루기 위한 노력이라 할 수 있으며 따라서 매우 긍정적이라 하겠다. 그러나 보다 건강한 가정 사역으로의 목회를 이루기 위해서는 배우자에게 심정을 털어 놓지 못하는 12.5%의 성도들과 의견을 좁히기 위해 대화하려 노력하지 못하는 6.3%의 성도들을 위한 배려와 목회도 있어야 할 것이다. 결국 목회자가 가야할 길은 모든 가정들이 화목한 가정을 이루도록 돕는 것이기 때문이다.

문7. 우리는 신앙으로 부부사이가 더욱 가까워진 것 같다.

전혀 그렇지 않다	그렇지 않다	잘 모르겠다	그렇다	매우 그렇다	계
12.5	6.3	6.3	31.3	43.8	100.0

문 7은 목회적 차원에서 접근해볼 필요가 있을 것 같다. 이밖에 문 8(생략)에서 중부교회의 교인들은 "우리의 결혼 생활에는 적극적인 종교 생활이 포함되어 있는가?"라는 질문에 대해 중부교회의 중심을 이루는 30대의 경우는 75.1%의 가정들이 '그렇다'라고 대답했다.

정확히는 31.3%가 '그렇다'로, 43.8%가 '매우 그렇다'로 대답했다. 이 대답은 대부분의 30대 가정들이 종교 활동을 가정에서의 중요한 활동으로 보고 있다는 것이다. 그만큼 종교 활동이 차지하는 비중을 높게 평가하고 있는 것이다.

그러나 실제로 종교 활동이 그 중요도에 비해 가정에서 긍정적으로 나타나고 있는가 하는 것은 깊이 고려할 만한 일이다. 물론 수치상으로 나타나는 긍정적 측면 곧 문 7에서 '신앙으로 부부 사이가 더욱 가까워진 비율'은 그렇지 못한 비율보다 월등히 높다. 가까워지지 못한 비율은 18.8%에 지나지 않는다. 가까워진 비율 75.1%에 비하면 비교되지 않는다. 그러기에 월등히 신앙생활이 가정의 행복을 가져왔다고 평가할 수 있다. 이중표 목사는 주께서 자신을 희생하여 교회를 이룬 것처럼 아내의 존재가 너무 신비해서 눈물이 흐르는 때가 있다고 고백한다.

그럼에도 여기서 지적하고자 하는 것은 수치상의 우월성이 아니라 목회적 차원에서 이 18.8%를 바라보자는 것이다. 아마도 이

18.8%는 신앙 문제로 인하여 부부간에 혹은 가족들 간에 갈등을 겪고 있는 가정일 것이다. 갈등의 정도는 가정들마다 다를 것이다. 그러나 목회자로서 안타깝게 생각하는 것은 갈등의 정도가 얼마나 심각하냐 아니면 약하냐의 문제가 아니라 이미 갈등 자체가 가족들 간에 아픔이 되고 있다는 점에 주목해야 할 것이다. 가령 의사가 환자를 대할 때에 그가 중병을 앓고 있으니 더 많은 관심이 필요하고 반대로 가벼운 증상에 지나지 않으니 그냥 지나쳐도 된다는 판단은 사람을 중요시 하지 않는 데서 오는 오류이다. 정말 사람을 귀하게 여기는 의사라면 그가 겪는 아픔에 참여할 수 있어야 한다. 아픔 자체를 어루만질 수 있어야 한다.

교회 전체에서 본다면 신앙 문제로 갈등하는 가정은 몇 가정 되지 않을 것이다. 그러나 이 한 두 가정도 소홀히 할 수 없는 것이 목회이다. 따라서 분명 이들에 대한 충분한 배려도 있어야 한다. 그들의 갈등을 해소하고, 그 가정의 아픔을 치료할 수 있는 목회 차원에서 노력해야 한다. 이 논문은 별세 영성과 별세 목회를 지향한다. 따라서 어떻게 신앙 문제로 인한 갈등을 안고 있는 가정들을 위한 별세 목회 차원의 도움을 요청할 수 있는지는 과제라 하겠다.

참 고 문 헌

【이중표 목사의 연구 1차 자료】

이중표 설교집, 제1권 「광야의 기적」 서울 : 쿰란출판사, 1982.

제2권 「조국이여 울어라」 서울 : 쿰란출판사, 1992.

제3권 「제자의 길」 서울 : 쿰란출판사, 1989.

제4권 「산 돌의 교회」 서울 : 쿰란출판사, 1992.

제5권 「주일 인생의 행복」 서울 : 쿰란출판사, 1992.

제6권 「빈 무덤의 신비」 서울 : 쿰란출판사, 1987.

제7권 「엿새 후의 은혜」 서울 : 쿰란출판사, 1988.

제8권 「민조의 희년」 서울 : 쿰란출판사, 1990.

제9권 「산 자의 행복」 서울 : 쿰란출판사, 1991.

제10권 「인생주막」 서울 : 쿰란출판사, 1993.

제11권 「살아있는 성전」 서울 : 쿰란출판사, 1995.

제12권 「하늘의 우렛소리」 서울 : 쿰란출판사, 1997.

제13권 「노래하는 나그네」 서울 : 쿰란출판사, 1998.

제14권 「영화로운 예정」 서울 : 쿰란출판사, 2000.

제15권 「하나님의 시험」 서울 : 쿰란출판사, 2001.

제16권 「새 하늘과 새 땅」 서울 : 쿰란출판사, 2002.

제17권 「사람답게 살자」 서울 : 쿰란출판사, 2004.

이중표, 「교회성장과 케리그마설교」 서울 : 쿰란출판사, 1992.
「교회발전을 위한 설교개발」 서울 : 쿰란출판사, 1993.
「교회발전을 위한 영성개발」 서울 : 쿰란출판사, 1993.
「교회 발전을 위한 사역개발」 서울 : 쿰란출판사, 2001.
「교회발전을 위한치유개발」 서울 : 쿰란출판사, 2001.
「교회발전을 위한 사명개발 : 목사가 살아야 교회가 산다」 서울: 쿰란 출판사, 2003.
「눈물을 먹은 마음」 서울 : 쿰란출판사, 2002.
「별세신학」 서울 : 국민일보, 2005.
「별세의 기도」 서울 : 쿰란출판사, 1996.
「별세의 계명」 서울 : 쿰란출판사, 1997.
「별세의 목자」 서울 : 쿰란출판사, 1997.
「별세의 목회」 서울 : 쿰란출판사, 1995.
「별세의 사랑」 서울 : 쿰란출판사, 1998.
「별세의 신비」 서울 : 쿰란출판사, 1997.
「별세의 여인」 서울 : 쿰란출판사, 2003.
「별세의 지도자」 서울 : 쿰란출판사, 1994.
「별세의 치유」 서울 : 쿰란출판사, 2002.
「별세의 칼럼1-하늘을 품은 마음」 서울 : 쿰란출판사, 1998.
「별세의 칼럼2-눈물을 먹은 마음」 서울 : 쿰란출판사, 2002.
「별세의 칼럼3-자기를 비운 마음」 서울 : 쿰란출판사, 2003.
「별세의 칼럼4-은혜를 아는 마음」 서울 : 쿰란출판사, 2004.

【이중표 목사의 연구 2차 자료】

별세목회연구원, 「별세의 삶」 2003년 봄, 2005년 여름호
「전국사모세미나 제5회 사모여 위대하라」 서울 : 별세목회연구원, 2004.
「전국사모세미나 제6회 사모여 행복하라」 서울 : 별세목회연구원, 2005.
「제20회 전국목회자세미나 별세와 한국교회」 서울 : 별세목회연구원, 2006.

김경재 외 13인, 「별세신학」 서울 : 쿰란출판사, 1999.

이윤재, 「별세신학의 영성」 서울 : 도서출판 별세, 2005.

이중표 외 14인, 「말씀이 살아야 교회가 산다」 서울 : 쿰란출판사, 2005.

이윤재 외 14인, 「영성이 살아야 교회가 산다」 서울 : 쿰란출판사, 2006.

【국내 문헌】

곽안련, 「장로교회사 전휘집」 서울 : 조선야소교서회, 소화10년, 1935.

국제신학연구원 편, 「성령과 영성」 서울 : 서울말씀사, 2001.

길진경, 「영계 길선주」 서울 : 종로서적, 1975.

김경재, 「영성신학 서설」 서울 : 대한기독교출판사, 1985.

김락현, 「영성수련의길」 서울 : 대한예수교장로회 총회훈련원, 한국기독교 영성신학 연구원, 1993.
「영성수련의길 II」 서울 : 대한예수교장로회 총회훈련원, 한국기독교 영성 신학연구원, 2006.

김세윤, 「바울 신학과 새 관점」 서울 : 두란노 서원, 2002.

김인수, 「한국기독교회의 역사 상, 하」 서울 : 장로회신학대학교 출판부, 2002.

김웅태, 「종교의 현대적 적응」 서울 : 가톨릭대학교 출판부, 2001.

김홍기, 「종교개혁사」 서울 : 지와 사랑 , 2004.

대한예수교 장로회총회 생명살리기운동 10년위원회/ 대한예수교장로회총회산하연구 단체협의회 편,
「하나님 나라와 생명살림」 서울 : 한국장로교출판사, 2005.

대한예수교장로회총회 훈련원/경북노회 에큐메니칼 영성훈련원 공동편,
「예수의 영성과 현대 그리스도인의 만남」 서울 : 말과 글, 2005.

맹용길, 「기독교 윤리 사상」 서울 : 대한기독교출판사, 1990.

박성완, 「루터교 예배 이해」 서울 : 컨콜디아사, 2000.

박익수, 「바울의 서신들과 신학 I 」 서울 : 대한기독교서회, 1994.

「바울의 서신들과 신학 II 」 서울 : 대한기독교서회, 2001.

「바울의 서신들과 신학 III」 서울 : 대한기독교서회, 2001.

박용규, 「평양 대부흥운동」 서울 : 생명의 말씀사, 2000.

백락준, 「한국개신교사」 서울 : 연세대 출판부, 1973.

엄두섭, 「기독교 영성의 흐름」 서울 : 은성출판사, 1998.

이경섭, 「개혁주의 영성체험」 서울 : 예루살렘, 2005.

이형기, 「종교개혁의 신학사상」 서울 : 장로회신학대학 출판부, 1984.

전경연, 「루터신학의 제문제-복음주의 신학총서 제11권」 서울 : 대한기독교서회, 1974.

전달수, 「그리스도교 영성 역사 II 」 서울 : 가톨릭출판사, 2005.

조병하, 「마르틴 루터와 개혁 사상의 발전」 서울 : 한들출판사, 2000.

지원용, 「루터와 종교개혁」 서울 : 컨콜디아사, 1965.
「루터 사상의 진수」 서울 : 컨콜디아사, 1986.
한국기독교교회사 연구회, 「한국기독교회사」 서울 : 기독교문사, 1989.
한국기독교역사연구소, 「조선예수교장로회 上」 서울 : 한국기독교역사연구소, 2000.
한국교회백주년편찬위원회 사료분과위원회, 「대한예수교장로회 100년사」 서울 : 대한예수교장로회 총회 출판부, 1984.
한정애, 「아우구스티누스에서 마틴 루터까지」 서울 : 다산글방, 2002.

【번역서】

거스리, 도날드. 이중수 역, 「성령 · 그리스도인의 생활」 서울 : 한국성서유니온, 1998.
곤잘레스, J. L. 이후정 역, 「기독교 사상사」 서울 : 컨콜디아사, 1991.
로제 베른하르트, 한국신학연구소 번역실 역, 「마틴 루터의 신학」 천안 : 한국신학연구소, 2002.
맥그레스, 알리스터, 정진오 · 최대열 역, 「루터의 십자가 신학」 서울 : 컨콜디아사, 2001.
맥아더, 죤. F, 박영철 역, 「성령의 은사와 진정한 영적생활」 서울 : 요단출판사, 1981.
머리, 죤, 김남식 역, 「기독교 윤리」 서울 : 성암사, 1978.

몰트만, J, 김균진 역,

「생명의 영」 서울 : 대한기독교서회, 1992.

믹스웨인, A, 황화자 역,

「바울의 목회와 도시사회」 서울 : 한국장로교출판사, 1992.

바이트, 진, 엄진섭 역,

「십자가의 영성」 서울 : 컨콜디아사, 2004.

베이, 롤란드튼, 이종태 역,

「말틴루터의 생애」 서울 : 컨콜디아사, 1982.

베커, J C, 장상 역,

「바울의 묵시사상적 복음」 서울 : 한국신학연구소, 1987.

빙그렌, 구스타프, 맹용길 역,

「크리스챤의 소명」 서울 : 컨콜디아사, 1982.

샤프, 필립, 이길상 역,

「보니파키우스 8세부터 루터까지」 고양 : 크리스챤 다이제스트, 2004..

알트하우스, 파울, 이희숙 역,

「말틴루터의 윤리」 서울 : 컨콜디아사, 1989.

앤드슨, 레이, 강성모 역,

「새천년을 위한 영성신학」 서울 : 도서출판 나눔사,1999.

오먼, 조던, 이홍근 역,

「가톨릭 전통과 그리스도교 영성」 왜관 : 분도출판사, 1998.

왓손, P.S, 이장식. 역,

「프로테스탄트 신앙원리」 서울 : 컨콜디아사, 1962.

윌라드, 달라스, 엄성옥 역,

「영성훈련」 서울 : 은성, 1993.

조지, 토니. 레티모디, 이은선 · 피영민 역,

「개혁자들의 신학」 서울 : 요단출판사, 1994.

칼뱅, J, 김종흡 · 신보균 · 이종성 · 한철하 공역,

「기독교 강요(상)」 서울 : 생명의 말씀사 1988.

커어, 휴. T, 장미숙 역,

「루터신학 개요」 서울 : 한국장로교출판사, 1991.

코놀리, 핀바르, 유철 역,

「현대 영성에 나타난 하나님과 인간」 서울 : 가톨릭출판사, 1995.

클랩, 로드니, 홍병룡 역,

「사람을 위한 영성」 서울 : 한국기독학생회출판부, 2006.

키텔슨, 제임스. M, 김승철 역,

「개혁자 말틴 루터」 서울 : 도서출판 컨콜디아사, 1995.

톰슨, 메조리. J, 고진옥 역,

「영성훈련의 이론과 실천」 서울 : 도서출판 은성, 1996.

포스터, 리처드, 권달천 · 황을호 역,

「영적 훈련과 성장」 서울 : 생명의말씀사, 1986.

포터, J. M, 홍치모 역,

「루터의 정치사상」 서울 : 컨콜디아사, 1995.

헤수스, 알바레스 · 고메스, 강운자 역,

「수도생활역사 3」 서울 : 성바오르, 2005.

「수도생활의 역사 Ⅰ-기원에서 베네딕도회까지」 서울 : 성

바오로, 2001.

「수도생활의 역사 Ⅱ-중세기 수도승 생활」 서울 : 성바오로, 2006.

호주 루터교회 출판부, 이홍렬 역,

「자라나는 하나님의 백성」 서울 : 컨콜디아사, 1991.

홀트, 브래들리. P, 엄성옥 역,

「기독교 영성사」 서울 : 은성출판사, 1994.

【외국 문헌】

A. M. Niesbet, *Keeping the Sabbath in Korea*(KMF, vol.4, no.6, June, 1908)

C. F. Bernheisel, *Rev. Kil Sunju*(The Korea Mission Field, 1936)

G. Lee, *How the Spirit came to Pyeng Yang*(The Korea Mission Field, Mar, 1907)

G. S. McCune, *The Holy Spirit in Pyeng Yang*(KMF, vol.3, no.1, 1907)

George T. B. Davis, *A Glimpse of a Great Gathering*(KMF, vol.6, no.1, Jan, 1910)

H. G. Underwood, *The Growth of Korea Church*(The Missionary Review of the World, Feb. 1908)

J. E. Fisher, *Pioneers of Modern Korea*(Christian Literature Society, 1979).

J. G. Gale, *Korea in Transition*(Canada : Missionary Education Movement of the United States, 1911)

J. Z. Moor, *The Great Revival Year*(The Korea Mission Field, Aug, 1907)

Lee Chang Ki, *The Early Revival Movement in Korea*(1903-1907): a historical and systematic study(Zoetermeer : Boekencentrum,

2003)

W. Blair, B. Hun, *Impression of an Eye Witness*(The Korea Mission Field, vol Ⅲ, no.3, 1907.

W. Blair, B. Hunt, *The Korea Pentcost and the Sufferings Which Followed* (Edinburgh : The Banner of Truth Trust, 1977.

W. M Baird, *The Spirit Among Pyeng Yang Students*(KMF, vol.3, no.5,1934.

【논문, 잡지 및 기타】

강근환, "종교 개혁의 역사적 의의".「기독교 사상 328호」서울 : 대한기독교서회, 1990.

기독교문사 편집실, 「기독교대백과사전」 서울 : 기독교문사, 1984.

김인수, "1907년 대부흥운동의 역사적 배경과 영향, 그리고 현대적 의의"., 1907년대부흥운동 100주년 기념준비대성회」준비 위원회 편, 2006.

김홍기, "1907년 대부흥의 역사적 의의".「1907년 대부흥운동 100주년 기념준비대성회」준비 위원회 편, 2006.

나학진, "말틴루터와 토미스뮌처".「신학사상 54집」 서울 : 한국신학연구소, 1986.

노영상, "1907년 평양 대부흥운동의 영성에 대한 고찰".「1907년 대부흥운동 100주년 기념준비대성회」 준비 위원회 편, 2006.

대한예수교장로회 총회,

「대한예수교장로회총회 제4회(1914년) 회의록-평남노회 보고서」 1914.

벤코리아 뉴스, '별세신학' 이중표 목사 별세. 2006년 10월 9일자.

신학연구논문집, 「성령 제1집」 서울 : 서울서적출판부, 1981.

오영석, "Again 1907, 2007년에 기다리는 생명과 평화의 성령", 「1907년 대부흥운동 100주년 기념준비대성회」 준비 위원회 편, 2006.

윤경로 · 차종순, "1907년 대부흥운동의 민족사적 의의". 「1907년 대부흥운동 100주년 기념준비대성회」 준비 위원회 편, 2006.

이덕주 · 정장복, "1907년 대부흥운동의 영성과 지도력", 「1907년 대부흥운동 100주년 기념준비대성회」 준비 위원회 편, 2006.

이중표, "교회는 무엇인가?" 사수단상 36, 별세칼럼.

"그리스도의 영성이 충만한 가정" 신앙세계 5월, 별세기고문 모음.

"별세의 증인 별세의 순교자" 별세칼럼, 2000년 6월 25일.

"병들면 빚진 자가 된다" 사수단상 23, 2004년 12월 9일.

"새천년을 위한 영성목회의 방향-별세의 영성"한국교회의 미래를 준비하는모임, 2004년 6월 25일.

이중표, "지도자의 길" 별세칼럼, 2004년 4월 29일.

임홍빈, "그리스도 중심적 패러다임을 넘어서서 개인, 공동체, 생태계를 살리는 신학적 의의",「성령신학의 성령이해」, 서울: 한국기독교신학논총, 2004.

각주

1) 임홍빈, "그리스도 중심적 패러다임을 넘어서서 개인, 공동체, 생태계를 살리는 신학적 의의", 「성령신학의 성령이해」(서울 : 한국기독교신학논총, 2004), 228.

2) 김경재, 「영성신학 서설」(서울 : 대한기독교출판사, 1985), 230.

3) 수도승 생활은 선도가 필요한 완전히 자유로운 영적 운동으로서 교회생활에 침투되었다. 수도승 생활의 서로 다른 행태는 나중 것이 이전의 것을 더 보완하여 탄생하는 것처럼 그렇게 서로 이어지는 것이 아니라, 비교적 비슷하거나 다른 형태의 생활이다. 같은 지역에 엄격한 독수생활, 반 은수생활, 공수생활이 공존하였다. 그래서 성 바실리오와 같은 다른 수도승 생활의 작가들이나 설립자들이 생각하는 것처럼, 공수생활이 독수생활과 반 은수생활의 집합체라고 볼 수는 없다. 공수생활의 설립자 빠꼬미오는 성 안토니오를 당시 교회에 존재했던 가장 위대한 세 인물 중의 한 사람이요, 은수생활의 설립자로서 깊이 존경했었다. 그에게는 은수(독수) 생활이나 공수생활이나 하나님께 가기 위한 두 가지 방식, 두 개의 길 외에 다른 것이 아니었다.

4) *Ibid.*, 87.

5) 예수 알바레스 고메스, 강운자 역, 「기원에서 베네딕트회까지 수도생활

역사 Ⅰ」(서울 : 성바오로, 2001), 147-154.

6) 조던 오먼, 이 · 홍근 · 이영희 역, 「가톨릭 전통과 그리스도교 영성」(왜관: 분도출판사, 1998), 55-57.

7) *Ibid.*, 59.

8) 예수 알바레스 고메스, 강운자 역, 「중세기 수도승 생활 수도생활 역사 Ⅱ」(서울: 성바오로, 2002), 45.

9) 이에 대해서는 몰트만의 책 "창조 안에 계신 하느님"을 참조하라.

10) 주스토 곤잘레스, 서영일역, 「종교개혁사」(서울 : 은성, 1995), 19.

11) 류기종, 기독교 영성, 은성, 1997, 179.

12) 파울 알트하우스, 이희숙 역, 「말틴 루터의 윤리」(서울 : 컨콜디아사, 1989), 44.

13) 마틴 루터, 홍치모 역, 「루터의 정치사상」(서울 : 컨콜디아사, 1985), 44.

14) 마틴 루터, 지원용 감수, 「루터선집 제9집」(서울 : 컨콜디아사, 1983), 36.

15) 야니 란, 김응국 역, 「기독교 사상사」(서울 : 나침반사, 1987), 258.

16) M. Luther, The Freedom of a Christian, WA7., 24.

17) J. M. 포터, 홍치모 역, 「루터의 정치사상」(서울 : 컨콜디아사, 1895), 54.

18) 마틴 루터, 지원용 감수, 「루터선집 제9집」 38.

19) 지원용, 「루터사상의 진수」(서울 : 컨콜디아사, 1986), 35.

20) 구스타프 빙그렌, 맹용길 역, 「크리스챤의 소명」(서울 : 컨콜디아사, 1982), 177.

21) J. M. 포터, op. cit., 85.

22) 파울 알트하우스, 이희숙 역, op. cit., 73.

23) J. M. 포터, op. cit., 60.

24) *Ibid.*, 70.

25) 죤 머리, 김남식 역,「기독교 윤리」(서울 : 성암사, 1978), 44.

26) 롤란드 베이톤, 이종태 역,「말틴 루터의 생애」(서울 : 생명의 말씀사, 1982), 249.

27) 토니 레인, 김응국 역,「기독교 사상사」(서울 : 나침반사, 1987), 258.

28) 필립 뉴엘, 켈트 영성 이야기, 대한기독교서회, 2001, 131 이하를 보라.

29) *Ibid.*, 12.

30) *Ibid.*, 132-134.

31) *Ibid.*, 23.

32) *Ibid.*, 12.

33) *Ibid.*, 22.

34) *Ibid.*, 26.

35) *Ibid.*, 30-31.

36) *Ibid.*, 26-27.

37) *Ibid.*, 29.

38) *Ibid.*, 22.

39) *Ibid.*, 13.

40) *Ibid.*, 69.

41) *Ibid.*, 23.

42) *Ibid.*, 56.

43) *Ibid.*, 67.

44) 오영석, "2007년에 기다리는 생명과 평화의 성령,"「AGAIN 1907 2006 서울 성령복음화대성회 학술포럼」(서울 : 1907년 대부흥운동 100주년 기념대회 준비 위원회, 2006), 222.

45) 김인수, "1907년 대부흥운동의 역사적 배경과 영향, 그리고 현재적 의

의,"「AGAIN 1907 2006 서울 성령복음화대성회 학술포럼」(서울 : 1907년 대부흥운동 100주년 기념대회 준비 위원회, 2006), 14, 15.

46) J. E. Fisher,「*Pioneers of Modern Korea*」(Korea: Christian Literature Society, 1979), 109.

47) 이덕주 · 정장복, "1907년 대부흥운동의 영성과 지도력 -초기 부흥운동과 한국교회의 영적 지도력 문제", 「AGAIN 1907 2006 서울 성령복음화대성회 학술포럼」(서울: 1907년 대부흥운동 100주년 기념대회 준비 위원회, 2006), 90, 91.

48) 길진경,「영계 길선주」(서울 : 종로서적, 1975), 30.

길선주는 1869년 3월 평안북도 안주에서 출생하여 일찍 글공부를 시작하였다. 그는 한 때 병을 얻게 되어 병도 고치고 도(道)도 닦을 요량으로 관성교(관우를 섬기는 무교의 일종)에 심취되었으나, 더 이상 어떤 영적 만족을 얻을 수 없다고 판단한 21세부터는 선도(仙道) 수련에 몰두하였다. C. F. Bernheisel, *Rev. Kil Sunju*(The Korea Mission Field, 1936.2), 29에서 그는 그리스도교의 하나님을 알기 위해 명상과 기도에 열중하면서 결정적 체험을 하였다. 1897년 7월 30세 되던 해에 리(Graham Lee) 선교사로부터 세례를 받고 그리스도인이 되었다.

49) C. F. Bernheisel, 「*Rev. Kil Sunju*」(Korea: The Korea Mission Field, 1936), 30.

50) 이덕주 · 정장복, op. cit., 93, 94.

51) W. M. Baird,「*The Spirit among Pyeng Yang Students*」 KMF(1907. 5), 65. 논문참조.

52) William Scott,「*Canadians in Korea*」(Toronto: The Board of World Missions United Church of Canada, 1975), 55.

53) James S. Gale,「*Korea in Transition*」(New York: Laymen' s Missionary Movement, 1909), 213.

54) 박용규, 「평양 대부흥운동」(서울 : 생명의 말씀사, 2000), 482-490.

55) J. Z. Moore, 「*The Great Review Year*」 KMF(1907), 116. 논문참조.

56) 박용규, op. cit., 211.

57) Chang Ki Lee, "*The Early Revival Movement in Korea-1903~1907*," AGAIN 1907 2006 서울

「성령복음화대성회 학술포럼」(서울: 1907년 대부흥운동 100주년 기념대회 준비 위원회, 2006), 178.

58) 대한예수교장로회총회 제4회 회의록, 「평남노회보고서 (1914년)」, 52.

59) H. G. Underwood,「*The Growth of the Korea Church, The Missionary Review of the World*」(February 1908), 100. 논문참조.

60) 이덕주 · 정장복, op. cit., 95.

61) 그리스도신문, 1901, 10. 3일자 보도에 의하면 장로교 공의회가 여성의 인권에 관하여 다음의 다섯 가지 항목을 결의하였다. 1) 남, 녀가 장성하기 전에 혼인하는 일이오, 2) 과부가 두 번 시집가는 것을 금하는 것이오, 3) 교중 신도가 믿지 아니하는 이와 혼인하는 것이오, 4) 혼인을 맺을 때에 먼저 돈을 받는 것이오, 5) 부녀를 압제하는 일을 없이하자고 하는 일이라고 하였다. 감리교회에서도 1895년 선교사연회에서 일부다처주의를 정죄하고 첩을 가진 자는 교인 자격이 없으므로 교회에서 추방하기로 결의하였다.

62) 김인수, op. cit., 25.

63) 김인수, 「한국기독교회의 역사」(서울 : 장로회신학대학교출판부, 2002), 328.

64) 김인수, "1907년 대부흥운동의 역사적 배경과 영향, 그리고 현재적 의의," 「AGAIN 1907 2006 서울 성령복음화대성회 학술포럼」(서울 : 1907년 대부흥운동 100주년 기념대회 준비 위원회, 2006), 30.

65) 오윤태, 「한일기독교교류」(서울 : 혜선출판사, 1980), 141.

66) 박용규, 「한국기독교회의 역사」(서울 : 생명의 말씀사, 2004), 408.

67) 이중표, 「별세신학」(서울 : 쿰란출판사, 1999), 34.

68) 오영석, "이중표 목사의 별세 목회신학에 대한 이해," 「별세신학」, 185.

69) *Ibid.,* 34

70) 이중표, 「별세의 신비」(서울 : 쿰란출판사, 2000), 163

71) A. T. Hanson, "Eschatology," 「*A Dictionary of Christian Theology*」(미니애폴리스 : 아우크스부르크 Fortress: 1997), 113~115, esp. 114.

72) 이중표, 「별세신학」(서울 : 쿰란출판사, 1999), 38,

73) *Ibid.,* 40.

74) 오성춘, "별세신학으로서의 별세신학," 「별세신학 김경재 외 13인」(서울 : 쿰란출판사, 1999), 361.

75) H. D. 베츠, 「갈라디아서」(한국신학연구소, 1987), 281.

76) 오영석, "이중표 목사의 별세 목회신학에 대한 이해," 「별세신학 김경재 외 13인」186.

77) 이중표, 「별세신학」 45.

78) 예정은 그리스도와 관계되어야 한다. 그리스도와 관계없는 예정은 그리스도인의 예정이 아니다. 김균진, 「기독교조직신학 I」(서울 : 연세대학교출판부, 1987), 263.

79) W. F. Allbright and C. S. Mann, 「*Matthew*」 (New York: Doubleday & Co., 1971, 1979), 123.

80) 맹용길, "별세신학에 나타난 윤리사상," 「별세신학 김경재 외 13인」(서울 : 쿰란출판사, 1999), 263.

81) 이중표,「별세신학」, 49-50.

82) 김경제, "별세신학의 문화신학적 고찰," 「별세신학 김경재 외 13인」 293.

83) 이중표,「별세신학」 205.

84) *Ibid.*, 206.

85) *Ibid.*, 208.

86) *Ibid.*, 209.

87) *Ibid.*, 211.

88) *Ibid.*, 215.

89) *Ibid.*, 218.

90) 존 캘빈, 김종흡, 신보균, 이종성, 한철하 공역,「기독교 강요(상)」(서울 : 생명의 말씀사, 1988), 291.

91) 이중표,「별세신학」 225.

92) *Ibid.*, 228.

93) *Ibid.*, 231.

94) 이중표,「나는 죽어도 행복합니다」 89.

95) 이중표,「별세의 지도자」(서울 : 쿰란출판사, 2002), 247.

96) 이하 내용은 따로 각주를 달지 않아도 이중표, "새천년을 위한 영성목회의 방향-별세의 영성"(한국교회의 미래를 준비하는 모임 기고문, 2004년 6월 25일)의 일부임을 밝힌다. '기고문 모음'

97) 한국기독교학회편, 「신앙과 신학, 제 4권」(서울 : 양서각, 1988), 107.

98) 브래들리 홀트, 엄성옥 역, 「기독교영성사」(서울 : 은성, 2002), 141.

99) 이중표, 「별세의 지도자」 245.

100) 박재만, 「교회생활 안에서 영성사의 역할」(서울 : 가톨릭대학 신학부, 1987), 1.

101) 이중표, "지도자의 길," 「별세칼럼」(성남 : 별세목회연구원, 2004년 4월.

102) 이중표,「별세의 지도자」 91.

103) *Ibid.,* 137.

104) 이중표, "병들면 빚진 자가 된다" 「이중표 목사의 별세단상」(국민일보, 2004.12.9)

105) 이중표, "병들면 빚진 자가 된다," 「이중표 목사의 별세단상」(국민일보, 2004.12.9)

106) 이중표, 「별세의 지도자」 187.

107) 헨리 나우웬, 「꼭 필요한 것 한 가지, 기도의 삶」(서울 : 도서출판 복 있는 사람, 2001), 101.

108) 이중표, "병들면 빚진 자가 된다," 「이중표 목사의 별세단상」(국민일보, 2004.12.9)

109) 이중표, 「별세의 목회」(서울 : 쿰란출판사, 1999), 281.

110) 박재순, "아시아의 영성신학으로서의 별세신학," 「별세신학 김경재 외 13인」 310.

111) 이중표, 「별세의 지도자」 191.

112) 이중표, 「별세의 목회」 262, 264.

113) 이중표, "별세의 애국" 「별세 칼럼」(성남 : 별세목회연구원, 2004년 6월25일)

114) 이중표, 「산자의 행복」(서울 : 쿰란출판사, 1993), 120

115) 맹용길, "별세신학에 나타난 윤리사상," 「별세신학 김경재 외 13인」 268.

116) 이중표, 「조국이여 울어라」(서울 : 쿰란출판사, 1999), 8

117) 이중표 , 「별세의 목회」(서울 : 쿰란출판사, 1999), 27.

118) *Ibid.*, 27.

119) 이중표, 「별세신학」 24.

120) *Ibid.*, 23.

121) *Ibid.*, 24.

122) *Ibid.*, 26.

123) 이중표, 「별세의 목회」, 110-130.

124) 박재순, "별세신학의 문화신학으로서의 별세신학," 김경재 외 13인, 「별세신학」, 285.

125) 오영석, "이중표 목사의 별세 목회신학에 대한 이해," 「별세신학 김경재 외 13인」 195.

126) 오영석, "이중표 목사의 별세 목회신학에 대한 이해," 「별세신학 김경재 외 13인」 197.

127) 이중표, 「별세신학」 234.

128) 이중표, 「별세의 지도자」 267.

129) *Ibid.*, 236.

130) 이중표, 「별세신학」 237.

131) *Ibid.*, 238.

132) 이중표, 「별세의 지도자」 270.

133) *Ibid.*, 27

134) 이중표, 「별세신학」 239.

135) 박재순, “아시아의 영성신학으로서의 별세신학,” 「별세신학 김경재 외 13인」 327.

136) 이중표, 「별세의 목회」 23.

137) 이중표, 「조국이여 울어라」 15.

138) 오영석, “이중표 목사의 별세 목회신학에 대한 이해,” 「별세목회 김경재 외 13인」 192.

139) 이중표,「별세의 지도자」 262.

140) 이중표,「별세신학」 238.

141) 박재순, “아시아의 영성신학으로서의 별세신학,” 「별세목회 김경재 외 13인」324.

142) 민경배, “이중표 별세신학의 한국교회사적 위치,” 「별세목회 김경재 외 13인」 332.

143) 민경배, “이중표 별세신학의 한국교회사적 위치,” 「별세목회 김경재 외 13인」326.

144) 김경제, “별세신학의 문화신학적 고찰,” 「별세목회 김경재 외 13인」 291.

145) 김경재, “별세신학의 문화신학적 고찰,” 「별세목회 김경재 외 13인」 292.

146) 민경배, “이중표 별세신학의 한국교회사적 위치,” 「별세목회 김경재 외 13인」 348.

147) 이중표, 「별세의 가정」 (서울 : 쿰라출판사, 2003), 20

148) *Ibid.,* 51.

149) *Ibid.,* 20.

150) Gene A. Getz, 「*The Measure of a Family*」(Glendale, Caluf. : Regal

Books, 1976), 11.

151) 황성철, "별세신학에 나타난 가정," 「별세목회 김경재 외 13인」 412.

152) 이중표, 「별세의 가정」, 77.

153) 황성철, "별세신학에 나타난 가정," 「별세목회 김경재 외 13인」 420.

154) 이중표, 「별세의 가정」 191.

155) 이중표, 「별세의 목회」(서울 : 쿰란출판사, 1999), 62.